Klaus Sejkora

**MÄNNER
UNTER
DRUCK**

Klaus Sejkora

MÄNNER UNTER DRUCK

Wege aus typisch männlichen
Lebenskonflikten

VERLAG ANTON PUSTET

Meinen Söhnen Stefan und Martin –
auf dem Weg zu ihrem eigenen Mann-Sein –
gewidmet

Herausgegeben von Anna Sieberer-Kefer

© 1989 by Universitätsverlag Anton Pustet, Salzburg
Alle Rechte vorbehalten. – Gedruckt in Österreich
Gesamtherstellung: Salzburger Druckerei

Einbandgestaltung: Friedrich Pürstinger

ISBN 3-7025-0261-0

INHALT

VORWORT 7

1. Wie bin ich der Mensch geworden, der ich heute bin –
und wenn ich's weiß, was dann? – Eine Einführung .. 12

PHASE 1: HERSTELLEN DER BEZIEHUNG

2. Druck und Konkurrenz im Beruf 27
    Fritz, 26: „Die sind ja nur alle gegen dich!" 32

PHASE 2:
VORBEREITEN DER NEUENTSCHEIDUNG

3. Einsamkeit und Resignation als Bilanz eines
vorsichtigen Lebens 42
    Wilfried, 62: „Das kann doch nicht alles gewesen
sein!" 48

PHASE 3: NEUENTSCHEIDUNGEN

4. Der Mann zwischen den zwei Frauen 58
    Gerald, 31: „Ich brauch' sie doch beide!" 61

5. Krankheits- und Todesängste 71
    Günter, 39: „Die Angst vorm Sterben bringt mich
noch um!" 76

6. Der gewalttätige Mann 88
    Christian, 41: „Dann kenn' ich mich selbst nicht
mehr!" 92

7. Der einsame Überarbeiter 105
    Bernhard, 29: „Ich geh' zu meinem Computer,
der versteht mich wenigstens!" 107

PHASE 4: INTEGRATION

8. Gibt es ein Leben nach der Therapie? 119
    Fritz, (mittlerweile) 30: „... aber es lohnt sich!" .. 119

ANHANG: Theoretische Erläuterungen
(aus den Konzepten der Transaktionsanalyse)
Enttrübung und Therapievertrag (zu Kap. 2) 134

Skript- und Racket-System (zu Kap. 3) 138
Allgemeines über den Begriff „Neuentscheidung"
(zu Phase 3) 143
Engpaßarbeit (zu Kap. 4) 144
Introjektion und Arbeit mit dem Eltern-Ich
(zu Kap. 5) 148
Punktuelles Beeltern (zu Kap. 6) 152
Frühe regressive Arbeit (zu Kap. 7) 156
Integrations- und Lösungsarbeit (zu Kap. 8) 158
SCHLUSSBEMERKUNG 161
LITERATUR 164

VORWORT

> „Männer sind stark, Männer sind hart –
> Männer kriegen 'nen Herzinfarkt."
> (Herbert Grönemeyer)

Warum ein Buch über Männer – über Probleme von Männern und über Psychotherapie mit Männern? Haben Frauen keine Lebenskonflikte, oder haben sie so grundsätzlich andere? Die Kapitelüberschriften legen die Frage nahe, ob Frauen denn keinen Druck und keine Konkurrenz im Beruf kennen, keine Einsamkeit und Resignation als Bilanz eines vorsichtigen Lebens, keine Krankheits- und Todesängste. Gibt es keine einsamen Überarbeiterinnen, keine Frauen, die gewalttätig sind? Keine „Frau zwischen zwei Männern"?

Natürlich gibt es das alles – warum also nicht ein Buch einfach über Probleme von Menschen in unserer Alltagswelt und Strategien zu ihrer Lösung?

Es gibt mehrere Antworten auf diese Frage.

Zum einen gibt es tatsächlich Probleme, die – meiner Erfahrung nach – bei Männern häufiger auftreten als bei Frauen; die Gründe dafür sind vielfältig.

Zum anderen aber gehen Männer meist anders mit Problemen um, als Frauen das tun: sehr, sehr oft so, wie im oben angeführten Grönemeyer-Zitat – sie machen sich hart und immer härter und lösen die Probleme so nicht, sondern verstecken sie hinter einer immer stärker verkrusteten Schicht über ihrem Herzen und ihrer Seele.

Warum sie das tun, hat viele Ursachen; ein großer Teil davon hängt mit der über viele Generationen, vom Vater auf den Sohn (und auch von der Mutter auf den Sohn) überlieferten Rolle des Mannes zusammen: An den Männern war es, in unserer Kultur das ökonomische Überleben unter oft feindseligsten Bedingungen sicherzustellen, und sie waren es, die ihre physische Kraft im Krieg einsetzen mußten. Da blieb nicht viel Platz für Weichheit und Sensibilität. Ebenso überkommen ist die Rolle der Frau als Abhängiger und Untergeordneter. Und beide Rollen,

die in der Selbstentfaltung und im wirklichen Mensch-Sein ungemein hinderlich waren und sind, sind historisch überholt – mittlerweile leben wir in Westeuropa (und Nordamerika) in einer anderen Welt. Aber, wie gesagt, die alten Rollen sind jahrtausendelang überliefert und sehr tief in uns verwurzelt.
Viele Frauen haben in den letzten zehn, zwanzig Jahren sehr entscheidende und große Schritte aus dem Rollen-Leben heraus und hin zu mehr Mensch-Sein gemacht. Männer hinken dabei oft noch nach und kommen dabei in ein Dilemma: Einerseits sollen sie die alte Härte zugunsten von mehr Weichheit und mehr Menschlichkeit aufgeben – aber wo bleibt dann ihre eigenständige Identität als Mann? Gibt es zum Macho noch eine andere Alternative als den Softie? Gibt es eine Verbindung von männlicher Stärke und Kraft (im positiven Sinn) und von Weichheit und Gefühlsintensität? Und wenn es sie gibt, wie kommt „Mann" dorthin?
In diesem Buch habe ich versucht, einige Ideen und Ansätze zur Lösung dieser Fragen aufzuzeigen.
Zum einen sind das Ideen über die lebensgeschichtlichen Ursachen von „männlichen" Schwierigkeiten, zum andern ein möglicher Weg aus ihnen und aus dem Hart-Sein heraus: der Weg der Psychotherapie. So entsteht im Buch parallel ein Überblick über verschiedene Problembereiche und die Schilderung des Verlaufs langdauernder psychotherapeutischer Arbeit. Die Methode, die ich dabei anwende, ist die Transaktionsanalyse (mehr darüber im Text), die gleichzeitig auch das Menschenbild dieses Buches prägt.
Sicherlich ist die Psychotherapie nicht der einzige möglich Weg aus der Krise, aus dem Lebenskonflikt. Sie ist einer – Selbsthilfegruppen, Männergruppen, einfach auch nur intensive Freundschaften sind andere. Entscheidend ist, daß es ein Weg aus der Einsamkeit heraus sein muß; „allein damit fertig werden" ist zwar unter Männern sehr gängig – aber es geht schlicht und einfach nicht.
Es ist nicht möglich, als Mann ein Buch über Männer zu schreiben, ohne sich selbst mit seinem eigenen Mann-Sein auseinanderzusetzen; so wurde auch das letzte halbe Jahr zu einem inten-

siven Prozeß für mich selbst. Oft war ich sehr bewegt beim Niederschreiben der verschiedenen Kapitel und beim Anhören der Bänder, die die Grundlage für die Ausschnitte aus den Therapiesitzungen sind, und in jeder Geschichte habe ich auch einen Teil von mir wiedergefunden.

Als ich vor sieben Jahren meine ersten Schritte als Therapeut machte, fand ich es einige Zeit lang viel schwieriger, mit Männern zu arbeiten als mit Frauen – weil ich sie in vielem härter, schwerer zugänglich, weniger problemeinsichtig, weniger bereit, Hilfe anzunehmen, erlebte. Nach und nach entdeckte ich aber, wie intensiv der Zugang zu gerade solchen Männern möglich wurde, wenn ich mein eigenes Mann-Sein, meine eigenen leid- wie lustvollen Erfahrungen als Basis für den Kontakt benutzte. In diesen Begegnungen fand ich heraus, wie schön es sein kann, wenn Männer ihren Panzer Stück für Stück, Millimeter für Millimeter abbauen – und darunter weich, zugänglich und menschlich werden.

Das ist auch Ziel dieses Buches: Männern einen Weg zu zeigen, dorthin, zu mehr Menschlichkeit zu kommen – und Frauen eine Hilfe dafür, das Scheitern und das Steckenbleiben ihrer (und anderer) Männer zu verstehen.

Ich erhebe nicht den Anspruch, „flächendeckend" zu sein. Das heißt, dieses Buch stellt eine begrenzte Auswahl dar. Das gilt in sozialer Hinsicht: die beschriebenen Männer sind – so wie die meisten Personen, die zu mir in Therapie kommen – Angehörige der Mittel- bis Oberschicht und sind durchwegs intellektuell und sprachlich gut ausdrucksfähig (und das zeigt gleichzeitig eines der Probleme und eine der Barrieren der traditionellen Psychotherapie). Es gilt auch hinsichtlich der beschriebenen Probleme: sie sind eine Auswahl, nicht ein erschöpfender Querschnitt „typisch männlicher" Lebenskonflikte. Es sind die Probleme, die mir in meiner Praxis bei Männern am häufigsten begegnen.

Das Buch ist so aufgebaut, daß nach einem Einleitungskapitel (über die Sichtweise der Transaktionsanalyse der menschlichen Persönlichkeit und meine Konzepte, Psychotherapie zu machen) sechs verschiedene Bereiche männlicher Lebenskonflikte dargestellt werden. Zu jedem Bereich wird die Geschichte eines Mannes und ein Ausschnitt aus der therapeutischen Arbeit mit ihm erzählt. Gleichzeitig kann der Leser/die Leserin so einen Überblick über das Gesamtgeschehen eines Therapieverlaufs – vom Erstkontakt bis zum Abschluß – erhalten. Daher stellt auch das Schlußkapitel das Ende der Therapiegeschichte vor, die im 2. Kapitel begonnen wird.

Im Anhang erläutere ich schließlich theoretische Aspekte, vor allem aus der Transaktionsanalyse (TA), und meine eigenen Ideen zu den geschilderten Therapieausschnitten. Dabei ist mir wichtig zu betonen, daß ich hier nicht „die TA" präsentiere oder eine „klassische TA-Therapie" (wenn es so etwas überhaupt gibt). Die Transaktionsanalyse ist ein sehr komplexes, verschiedenartiges Feld, in dem sehr viele, auch sehr unterschiedliche Auffassungen Platz haben. Was ich hier darstelle, sind einige wichtige Aspekte daraus und meine persönliche Sichtweise davon. Wenn ich die Meinung von Autoren aus der Transaktionsanalyse anführe, dann sind diese namentlich genannt, wo nicht, handelt es sich um meine persönliche Ansicht. Dieser Anhang ist zum Verständnis der zentralen Aussagen des Buches nicht essentiell notwendig; er wendet sich an die Leser, die Interesse daran haben, auch die theoretischen Hintergründe meiner Arbeit kennenzulernen.

Die dargestellten Personen sind authentisch, ebenso die Therapieverläufe. Allerdings habe ich Namen, Fakten, Details und auch Charakteristika der Ausdrucksweise so verändert, daß ihre Anonymität gewährleistet ist. Die Gesprächsprotokolle sind von Band transkribiert, stellenweise wurden Wiederholungen, Füllwörter, Stottern usw. weggelassen. Auch stellen die ausgewählten Therapiesituationen meist besonders prägnante Punkte dar; dadurch könnte der Eindruck entstehen, Therapie sei immer so glatt und erfolgreich. Das ist nicht so, im Gegenteil gibt es sehr lange Teile im Verlauf einer Psychotherapie, die (scheinbar) erfolg- und ereignislos verlaufen.

An dieser Stelle ist es mir sehr wichtig, einigen Menschen zu danken, die mittelbar und unmittelbar zur Entstehung dieses Buches beigetragen haben.

An erster Stelle stehen dabei meine Frau Christine und meine Söhne Stefan und Martin – denn viel in meiner Geschichte und Entwicklung als Mann verdanke ich der Beziehung, der Auseinandersetzung, dem Konflikt mit ihnen und ihrer Liebe. Dank gilt auch all jenen, die meinen Weg zum Psychotherapeuten geprägt haben, allen voran zwei bereits Verstorbenen: Igor Caruso und Helga Friedrich haben mir in den ersten Abschnitten meines Studiums geholfen, Psychoanalyse und Psychotherapie und die Wege zum Menschen, die sie anbieten, kennenzulernen.

Dank gilt auch all meinen Lehrern, Supervisoren und Begleitern in der TA, von denen jeder auch ein Stück zu meiner persönlichen Entwicklung und meiner eigenen Therapie beigetragen hat und von denen einige mir auch Freunde geworden sind. Dabei sind und waren die wichtigsten für mich Gerhard Springer, Charlotte Christoph-Lemke, Richard Erskine, Sandy Landsman, Jürgen Schlaegel-Prochaska, George Kohlrieser und Bob Goulding.

Dank geht auch an all die vielen Freunde und Kollegen, die im Laufe meiner Ausbildung und Berufsentwicklung ein kurzes oder langes Stück mit mir gegangen sind und noch gehen und ohne deren Unterstützung meine Entwicklung zu dem Menschen, der ich heute bin, nicht möglich gewesen wäre. Unter vielen möchte ich Günther Leitner, Uschi Ramsauer, Ingo Rath, Franz Vital, Melitta Schwarzmann, Beate Huber und die viel zu früh verstorbene Sigrid Roth nennen.

Dank schließlich auch all den unzähligen Menschen, die sich mir in den Jahren mit ihren Lebensproblemen anvertraut haben, die ihre Geschichte, ihre Schmerzen, ihr Glück, ihre Erfolge und Mißerfolge mit mir geteilt haben und noch teilen, durch die ich immer weiterlerne und von denen viele mir Anregungen und Ideen für dieses Buch in der Diskussion darüber gaben.

Dank schließlich an Anna Sieberer-Kefer, die die Idee zu diesem Buch hatte, für ihre tatkräftige und einfühlsame Unterstützung und Begleitung während seiner Entstehung.

Salzburg, April 1989

1. Wie bin ich der Mensch geworden, der ich heute bin – und wenn ich's weiß, was dann?

Eine Einführung

Erlauben Sie mir, Sie zu Beginn zu einer kurzen Übung mit Hilfe Ihrer Phantasie einzuladen.

Stellen Sie sich vor, Sie sind auf Arbeitssuche. Sie haben Ihre bisherige Arbeit verloren, aus welchen Gründen auch immer; oder Sie haben sich entschlossen, vom Leben als Hausfrau in die Berufstätigkeit zurückzukehren; oder sie haben Ihre Ausbildung abgeschlossen und suchen nun eine entsprechende Stelle.

Sie sind schon einige Zeit auf der Suche, und es stellt sich als schwieriger heraus, etwas zu finden, als Sie sich das erwartet haben. Sie erleben Absage auf Absage, und wo es keine Absage gibt, gibt es Vertröstung. Allmählich beginnt Ihr Mut zu sinken; allerdings wird die Sache zu einem finanziellen Problem, denn Ihre Reserven gehen zu Ende.

Da erfahren Sie von einem wirklich interessanten Job – dem Job schlechthin für Sie. Es ist genau das, was Sie immer gesucht haben, genau Ihren Interessen entsprechend und auch finanziell einigermaßen lohnend.

Sie bewerben sich um die Stelle und werden telefonisch zu einem Vorstellungstermin bei Ihrem (möglichen) zukünftigen Chef gebeten. Gleichzeitig läßt man Sie wissen, daß es bereits ungefähr ein Dutzend anderer Bewerber um die Stelle gäbe, alle gut qualifiziert und alle gut im Rennen. Sie seien der/die letzte, dann werde die Entscheidung getroffen.

Nun machen Sie sich auf den Weg zu diesem für Sie so entscheidenden Treffen. Was geht in Ihnen vor, wenn Sie sich dem Büro dieses für Sie unbekannten Menschen nähern? Was denken Sie? Was fühlen Sie? Wie reagieren Sie körperlich? Wie gesagt, es hängt für Sie sehr viel von einem guten Gesprächsverlauf ab.

Können Sie sich an Situationen früher in Ihrem Leben erinnern, wo Sie ähnlich empfunden und gedacht haben? An Situationen aus

Ihrem erwachsenen Leben – und vielleicht an Situationen als Kind?

Stellen Sie sich nun vor, Sie betreten das Haus, Sie orientieren sich, Sie gehen die Treppe hinauf.

Schließlich stehen Sie vor der Tür des entsprechenden Büros, und es sind noch einige Minuten bis zum vereinbarten Zeitpunkt.

Was geht jetzt in Ihnen vor? Sind die Gedanken, Gefühle, körperlichen Empfindungen von vorher stärker geworden? Oder schwächer? Oder sind andere an ihre Stelle getreten?

Sie überlegen sich, wie Sie sich verhalten werden. Was werden Sie tun?

Stellen Sie sich nun weiter vor, für einen kurzen Moment steht Ihr Vater, Ihre Mutter oder eine andere wichtige elterliche Autorität aus Ihrer Kindheit hinter Ihnen. Er/sie gibt Ihnen jetzt in letzter Minute noch Hinweise. Was würde er/sie Ihnen empfehlen? Oder prophezeien? Auf diese elterlichen Empfehlungen hin – was geht jetzt in Ihnen vor? Werden die Gedanken, Gefühle, körperlichen Empfindungen von vorhin stärker oder schwächer? Oder bleiben sie gleich?

Und nun noch, bevor Sie hineingehen – was muß diese Person da drinnen, egal, wie und was er oder sie ist, aussieht, sagt oder tut, an sachlicher Information über Sie und Ihre Vorerfahrungen wirklich wissen?

Vielen Dank für Ihre Aufmerksamkeit und Ihr Mitdenken. Sie haben soeben – mit großer Wahrscheinlichkeit – die Grundbegriffe der Transaktionsanalyse am eigenen Leib erlebt. Die Transaktionsanalyse (TA) wird das Denkmodell sein, das uns durch dieses Buch begleitet.

Die Transaktionsanalyse ist zugleich ein Persönlichkeitsmodell und eine Form der Psychotherapie, die in der Psychoanalyse ihren Ursprung hat. Sie wurde in den späten fünfziger und frühen sechziger Jahren von dem amerikanischen Psychiater Eric Berne begründet und von seinen Schülern weiterentwickelt. Heute stellt die TA ein umfangreiches Gebäude aus Theorie und Praxis für das weite Feld von Psychotherapie, Beratung, Entwicklung, Erziehung und Kommunikation dar.

Ich will Sie nun nicht mit einer kurzen oder langen Zusammenfassung des ganzen Theoriegebäudes beanspruchen; Teile davon werden im Anhang dieses Buches erläutert. Hier zu Beginn – und Ihnen das nahezubringen war der Sinn der vorigen Übung – geht es nur um ein Thema zum Grundverständnis: Wie begreift die TA die Persönlichkeit des Menschen und wie erklärt sie die Entstehung von Problemen in der Persönlichkeit? Die grundlegende Beobachtung von Eric Berne, auf der all seine weiteren Theorien fußten, war die: Seine Patienten – und Menschen überhaupt – schienen ihr Verhalten zu verschiedenen Zeiten aus verschiedenen in sich abgeschlossenen Systemen heraus zu entwickeln. Zu manchen Zeiten verhielten sie sich wie Erwachsene auf ihrem aktuellen Entwicklungsstand: sie nahmen Informationen auf, verarbeiteten sie und setzten ihre Reaktionen dementsprechend. Sie verhielten sich, kurz gesagt, den Anforderungen der gegebenen Situation gemäß: wenn etwas Trauriges passierte, waren sie traurig, wenn etwas Ärgerliches passierte, waren sie zornig, wenn Fragen an sie gestellt wurden, antworteten sie entsprechend. Bei einem Vorstellungsgespräch überlegten sie, welche sachlichen Informationen für ihr Gegenüber wichtig waren – so wie Sie es am Schluß der vorigen Übung getan haben.

Diesen Zustand der Persönlichkeit, des Ichs, in dem Menschen als Erwachsene denken und fühlen und dementsprechend handeln, nennt Berne **Erwachsenen-Ich-Zustand.**

Diesem steht ein anderes System von Denken, Fühlen und Verhalten gegenüber: Zustandsmuster, in denen Menschen so denken, fühlen und sich verhalten, wie sie es als Kinder in verschiedenen früheren Stufen ihrer Entwicklung getan haben. Besonders in neuartigen (wirklich oder in der Phantasie) bedrohlichen oder unangenehmen Situationen läßt sich das beobachten. Beispielsweise reagieren viele Menschen auf steigende berufliche Anforderungen plötzlich mit Angst, Minderwertigkeitsgefühlen oder Verzweiflung.

Oder als ein anderes Beispiel: An einer verkehrsreichen Kreuzung kommt es zu einem Zusammenstoß mit Blechschaden. Einer der beteiligten Autofahrer steigt aus und beginnt zu toben und zu wüten wie ein Dreijähriger, dessen Spielzeug kaputtgegangen ist. Der andere steigt ebenfalls aus, Tränen in den Augen: „Immer muß mir so etwas passieren. Ich weiß, daß ich ein Versager bin . . ." Auch er fühlt, denkt und verhält sich wie ein Kind – in diesem Fall wie der mutlose Siebenjährige, dem zum x-ten Mal der Versuch mißlingt, seinen Drachen in die Luft zu kriegen.

Andere Menschen wieder fühlen sich vor einem Vorstellungsgespräch voller Ängste, Unsicherheiten, Minderwertigkeitsideen, vielleicht auch Ärger, Verzweiflung – wie beispielsweise vor dem ersten Schultag, den Sie ganz alleine meistern mußten.

Vielleicht ist es auch Ihnen so oder ähnlich in der Übung von vorhin gegangen. Mit großer Wahrscheinlichkeit sind Sie dabei mit einem Teil der Persönlichkeit in Berührung gekommen, den die Transaktionsanalyse **Kindheits-Ich-Zustand** nennt.

Eric Berne meint damit folgendes: Überbleibsel der Person aus früheren Lebensabschnitten werden als *vollständige* Einheit von Denken, Fühlen und Verhalten ins Erwachsenenalter übernommen. Sie sind gespeichert und werden immer wieder abgerufen und aktiviert – meist ohne daß der betreffende Mensch das bewußt so erlebt.

Diese von früher übernommenen Persönlichkeitsanteile nennt Berne „fixiert", das heißt, sie sind aus bestimmten Gründen nicht mit der Gesamtpersönlichkeit mitgewachsen und mitgereift. Diese Überreste stammen meist aus Situationen, die damals für das Kind schwierig und/oder nicht lösbar waren (wie in unseren Beispielen das kaputte Spielzeug, der widerspenstige Drache oder der erste Schultag, und oft noch weit schlimmere Momente, wie Verlassenheit, körperliche Bestrafung, Verlust eines Elternteils und vieles, vieles andere mehr).

Das Besondere daran – wie schon erwähnt – ist, daß man es als Erwachsener im allgemeinen nicht bewußt merkt, wenn man seinen Kindheits-Ich-Zustand „besetzt" (wie Berne das Einnehmen eines bestimmten Ich-Zustandes nennt) – man denkt, man fühle, denke und handle wie ein Erwachsener; in Wirklichkeit aber ist man in einem früheren Lebensalter verhaftet.

Schließlich beschreibt Berne noch ein drittes System in der Persönlichkeit des Menschen: eines, in dem Eltern und elterliche Figuren gewissermaßen „gespeichert" werden – so, wie wir sie erlebt haben, als wir Kinder waren. Jeder, der selbst Kinder hat, wird die Situation kennen, daß er/sie zu ihnen manchmal Dinge sagt, die wortwörtlich die eigene Mutter oder der eigene Vater zu einem selbst sagten, und ebenso, daß er/sie sich auch so verhält wie Vater oder Mutter – und auch so fühlt, wie die Eltern damals augenscheinlich fühlten.

Das Denken, Fühlen und Verhalten unserer Eltern – so, wie wir es durch unsere kindlichen Augen sahen – wird also auch in die Persönlichkeit aufgenommen. Es kann ebenfalls zu bestimmten Zeiten aktiviert werden – und wir denken, fühlen und verhalten uns dann so, wie sie es taten.

Das passiert auf zweierlei Weise: zu anderen Menschen hin – wie vorhin erwähnt beispielsweise zu den eigenen Kindern oder auch als Lehrer zu Schülern, als Vorgesetzter zu „Untergebenen" und in vielen anderen Situationen mehr.

Wir aktivieren dieses elterliche System – Berne nennt es **Eltern-Ich-Zustand** – aber auch innerlich als Dinge, die wir zu uns selbst sagen, als sagten sie unsere Mutter oder unser Vater wei-

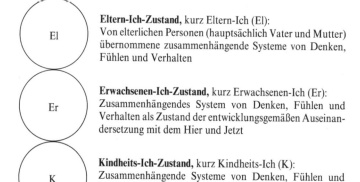

Eltern-Ich-Zustand, kurz Eltern-Ich (El):
Von elterlichen Personen (hauptsächlich Vater und Mutter) übernommene zusammenhängende Systeme von Denken, Fühlen und Verhalten

Erwachsenen-Ich-Zustand, kurz Erwachsenen-Ich (Er):
Zusammenhängendes System von Denken, Fühlen und Verhalten als Zustand der entwicklungsgemäßen Auseinandersetzung mit dem Hier und Jetzt

Kindheits-Ich-Zustand, kurz Kindheits-Ich (K):
Zusammenhängende Systeme von Denken, Fühlen und Verhalten, die Überreste aus früheren, kindlichen Entwicklungsstufen der Persönlichkeit sind

ter zu uns. Sie haben das im Schlußteil der Übung vorhin erlebt. Auch dieser Vorgang ist im allgemeinen nicht bewußt, d. h., wir nehmen nicht wahr, daß wir in diesem Moment unsere Elternfiguren zu uns selbst oder zu anderen hin kopieren.
Von diesen drei Systemen, diesen drei Ich-Zuständen entwirft Berne ein Diagramm, wie es auf Seite 16 unten zu sehen ist:
Alle diese drei Anteile zusammen bilden eine menschliche Persönlichkeit, bilden das „Ich" – die kindlichen Überreste, die innerlich gespeicherten Elternfiguren und die Fähigkeit, erwachsen zu sein.
Im Laufe der Zeit bürgerten sich in der TA verschiedene Sichtweisen über Ich-Zustände ein. Das hat dazu geführt, daß man in der Literatur teilweise widersprüchliche Definitionen finden kann – je nach Ansatz des Autors und Anwendungsgebiet. Hier werde ich mich auf den ursprünglich von Eric Berne dargestellten Blickwinkel beziehen *(Berne 1961)*, der in den letzten Jahren zunehmend verwendet wird und wieder zur zentralen Sichtweise in der TA zu werden scheint *(Erskine 1988 B, Erskine/ Moursund, Stewart/Joines)*.

Worum geht es dabei?
Folgendes Beispiel: Ein kleiner Junge, nehmen wir an, er heißt Fritz, hat sich beim Spiel verletzt. Weinend läuft er zu seiner Mutter. Aber statt ihn zu trösten, sagt sie zu ihm: „Aber Fritz! Du weißt doch – Indianer kennen keinen Schmerz! Beiß die Zähne zusammen!" Es ist nicht das erste und wird nicht das letzte Mal sein, daß Fritz solche „Botschaften" hört – und die Zurückweisung, die darin liegt. Der Effekt, den das auf ihn hat, ist doppelt:
– Er kann ein für ihn unangenehmes, schmerzhaftes Erlebnis nicht auf normale Weise abschließen und bewältigen (denn dazu gehören die entsprechenden Gefühle) und
– wenn er es dennoch versucht, wird er statt Trost Zurückweisung erleben – und das wird noch schlimmer sein.
Fritz wird also lernen, Gefühle wie Schmerz, Verletztheit und Traurigkeit nicht mehr zu zeigen, mehr noch, sie gar nicht erst zu spüren (denn wozu, wenn das nur unangenehme Folgen hat):

er wird sie *abwehren**. (Noch einmal sei betont, daß er das nicht aufgrund dieses einzelnen Ereignisses tun wird, sondern aufgrund vieler, vieler gleichlautender Erfahrungen in ähnlichen, oft noch viel intensiveren Situationen.)

Abwehren kann er diese Gefühle auf verschiedene Weise: nicht merken, was in ihm vorgeht; verdrängen, daß etwas Schmerzliches passiert ist; Situationen vermeiden, in denen Schmerz und Zurückweisung potentiell auftreten könnten, d. h. in menschlichem Kontakt überhaupt; sich hart und gefühllos machen usw.

Was hier kurz beschrieben wurde, ist nichts anderes als der Mechanismus der Entstehung der Kindheits-Ich-Zustände. Eine unverarbeitete, nicht bewältigte Erfahrung bleibt in einem Menschen stecken und wird fixiert – sie ist ungelöst, bleibt in seinem Inneren offen.

Wenn Fritz 20 Jahre später schmerzliche Dinge erlebt – sagen wir, er wird in seiner Arbeit durch seinen Chef schlecht behandelt und zurückgesetzt –, wird es zu seinen ersten gesunden Impulsen gehören, darüber verletzt, traurig, bei entsprechender Dauer auch verzweifelt (sicher auch wütend) zu werden. Zu diesem Thema ist Fritz aber in seinem Kindheits-Ich-Zustand im Alter von – sagen wir – fünf oder sechs Jahren fixiert und nicht imstande, angemessen erwachsen zu reagieren. Er kann nicht die entsprechenden Gefühle ausdrücken und sich daher auch nicht Trost, Hilfe und Unterstützung holen.

Statt sein Erwachsenen-Ich zu aktivieren (dessen Funktion es ist, auf die Anforderungen des Hier und Jetzt entsprechend mit Fühlen, Denken und Verhalten zu reagieren), wird der von außen kommende Reiz (das Verhalten des Chefs) sozusagen „umgeleitet" ins Kindheits-Ich (dessen Fixierung das Erwachsenen-Ich blockiert). Das alles passiert, ohne die Schwelle von Fritz' Bewußtsein zu erreichen. Er reagiert also nicht seinem Entwick-

---

* Das hier kurz angedeutete Denkmodell über die Abwehr entstammt der Psychoanalyse und wurde vor allem von Anna Freud *(Freud 1959)* grundsätzlich formuliert und beschrieben. Insgesamt läßt sich sagen, daß „mit Abwehr alle psychischen Abläufe gemeint [sind], die mit dem Ziel eingesetzt werden, dem Ich Angst und Unlust zu ersparen" *(Hoffmann 1983, S. 984)*.

lungsstand angemessen, sondern erlebt sich wieder im Alter von fünf, sechs Jahren, in dem er Verletzung und Zurücksetzung nicht erfolgreich lösen kann. Er fühlt sich so wie damals und reagiert so; zusätzlich ruft er innerlich die Stimme seiner Mutter wach (denn das ist ja der grundsätzliche Sinn des Eltern-Ichs: das Kind mit Anweisungen zu versorgen). Und die sagt ihm wieder: „Fritz! Indianer kennen doch keinen Schmerz!" Und damit erfolgt endgültig das Steckenbleiben: die sofortige Reaktion des Kindheits-Ichs (= des 5jährigen Fritz), Schmerz, Traurigkeit und Verletztheit abzuwehren und nicht mehr zu spüren. Fritz beißt die Zähne zusammen und tut, als ob nichts wäre.

In einem Schaubild läßt sich dieser Vorgang darstellen:

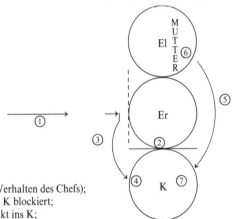

1: Impuls von außen (Verhalten des Chefs);
2: Er ist durch fixiertes K blockiert;
3: Impuls wird abgelenkt ins K;
4: im K wird die alte ungelöste Situation aktiviert und
5: die entsprechende innere Botschaft der verinnerlichten Mutter (6) abgerufen: „Fritz! Indianer kennen keinen Schmerz!";
7: endgültiges Steckenbleiben im Kind: Abwehr der Gefühle, wieder keine Lösung möglich.

Dieser Vorgang in Fritz' Innerem ereignet sich innerhalb von Sekundenbruchteilen, viel schneller, als er es mit seinem Bewußtsein merken könnte. Der Effekt ist, daß er mit seinem Problem allein bleiben und es damit größer statt kleiner machen wird.

Das führt uns – auf einen einfachen Nenner gebracht – zu einer allgemeinen Erklärung für die Wurzel menschlicher Probleme, formuliert in der Sprache der TA: ein Mensch ist *subjektiv* nicht in der Lage, erwachsen, d. h. situationsgemäß mit bestimmten Anforderungen umzugehen.

Begreifen läßt sich das aus seiner Lebensgeschichte heraus: Unter dem Einfluß von Ereignissen, Personen, verbalen und nonverbalen Botschaften zieht ein Kind bestimmte Schlußfolgerungen und trifft bestimmte Entscheidungen: darüber, wie und was es selber ist, was es zu tun und zu lassen hat, wie andere Menschen zu ihm und es zu ihnen steht, wie das Leben überhaupt ist und wie es seines gestalten wird. Diese kindlichen Strategien, die unter dem Druck der Ereignisse, d. h. nicht anders bewältigbarer Situationen entworfen werden, sind dann die Basis dafür, wie dieser Mensch auch als Erwachsener mit bestimmten Problemen umgeht: eben nicht erwachsen, sondern (an bestimmten Punkten) als Kind. Dadurch aber werden die Probleme nicht lösbar – der Mensch *bleibt* in ihnen *stecken*.

Was bedeutet das nun für die Lösung solcher Probleme? Vereinfacht heißt das, daß es entscheidend ist, die kindlichen Strategien aufzugeben, um volle erwachsene Problemlösungsfähigkeit erlangen zu können. Wie aber funktioniert das?

Wir haben gesehen: das Fixiertsein, das Steckenbleiben im Kindheits-Ich-Zustand hat damit zu tun, daß Situationen aus einer früheren Zeit des Lebens nicht gelöst, gefühlsmäßig nicht vollständig bewältigt werden können. Vor die Lösung, also vor das Erleben des/der zugehörigen Gefühls/e, schiebt sich die **Abwehr.**

Im Fall von Fritz: vor das Fühlen von Verletztheit und Traurigkeit (das ihm verboten wird und das er sich künftig selbst verbietet) schiebt sich ein „Nicht-mehr-Spüren". Er merkt nicht mehr, daß er traurig wird. Im Lauf der Zeit wird es notwendig, diese Schutzwand abzupanzern – denn immer mehr nicht gespürte und ausgelebte Traurigkeit sammelt sich an: Fritz läßt sich weniger und weniger auf intensive Kontakte zu anderen Menschen ein – zu groß ist ihm die Gefahr, dabei wieder verletzt und mit dem Gefühl der Traurigkeit, das er ja nicht spüren will, konfrontiert zu werden. Allmählich wird er immer einsamer; Einsamkeit ist wiederum ein Grund zur Traurigkeit – diesmal panzert Fritz sie mit Depression ab (depressive Reaktionen sind eine Möglichkeit, tiefe Trauer nicht zu spüren). Immer unzugänglicher und in sich gekehrter wird er, auch eine gehörige Portion Aggressivität und Zynismus verstärkt seine Mauer. Von Fritz wird noch mehr im 2. und im 8. Kapitel die Rede sein.

Wenn es nun gelingt, Fritz' Wall von Depression, Einsamkeit, Zynismus, Härte und Nicht-Spüren „aufzuweichen", dann wird es ihm möglich werden, an seine ganz tief unten versteckten Gefühle von Schmerz, Traurigkeit, Verlassenheit, Wut und Angst heranzukommen. Dann wird er, mit Hilfe dieser Gefühle, imstande sein, die alten, tief in der Erinnerung vergrabenen, ungelösten, schmerzhaften Erfahrungen aus seiner Kindheit zu bewältigen. Er kann sie (einen Teil davon) noch einmal durcherleben, und diesmal erfolgreich: das heißt, mit Hilfe der Gefühle, die er damals nicht haben durfte, und mit der Unterstützung und Zuwendung von außen, die er damals nicht hatte. So kann er lernen, es heute in seinem Leben anders zu machen und nicht mehr in der Fixierung hängenzubleiben – er kann sich **neu entscheiden.**

Dieser Weg, durch die Abwehr durch, zum Auflösen der früheren schmerzhaften Situation bis hin zur neuen Entscheidung ist der Weg, der in einer Psychotherapie mit Hilfe des Therapeuten beschritten wird. Das ist der Weg, den ich hier in diesem Buch beschreibe als *eine* Möglichkeit, aus alten, destruktiven Lebensmustern herauszukommen. Das heißt nicht, daß das der einzig mögliche ist: In engem Kontakt zu und mit der Hilfe von Freunden, in einer Selbsthilfegruppe mit Menschen in ähnlichen Situationen, unter Umständen durch eine gute Partnerschaft könnte Fritz auch lernen, mit sich und seinen Gefühlen anders umzugehen und damit sein Leben erwachsen zu gestalten. Wichtig in jedem Fall ist, daß er es nicht alleine tut – weil er das nicht kann. Alleine hat er es sein Leben lang versucht und ist damit gescheitert.

Doch zurück zum Weg der Psychotherapie:
Wir haben gesehen, daß es verschiedene Situationen sind, die auf diesem Weg beschritten werden müssen:
– das allmähliche Lockern bzw. Auflösen der Abwehr;
– das Neu-Erleben der ungelösten frühen Situation und
– das Neu-Entscheiden.
Dementsprechend läßt sich auch der Verlauf einer Psychotherapie in vier große Phasen teilen*:

1. Phase: Herstellen der Beziehung

Das Hauptcharakteristikum des Steckenbleibens im Kindheits-Ich-Zustand ist die **Abwehr.** Sie erst hält das Fixiertsein aufrecht und macht die Lösung unmöglich. Es gibt sehr viele verschiedene Formen – von Beschönigen, Verleugnen, Verdrängen angefangen bis zu Abspalten, Vergessen, Überlagern durch andere Gefühle, Projektion in jemand andern hinein und andere. Mit gutem Grund stellt die Abwehr eine massive Strategie mit hoher Wirksamkeit dar – handelt es sich doch um Gefühle, Ereignisse und Zusammenhänge, die für das Kind von seinerzeit kaum oder gar nicht aushaltbar waren und die deswegen ferngehalten werden mußten.

Ein sehr anschauliches Bild dafür, wie Abwehr entsteht und wie sie funktioniert, findet sich in Steven Spielbergs Zeichentrickfilm „Feivel der Mauswanderer": Feivel, das kleine Mäusekind, hat bei der Auswanderung nach Amerika seine Eltern verloren. Nach vielen Abenteuern und erfolgloser Suche landet er schließlich im Mäuse-Waisenhaus. Als er – völlig verzweifelt – den anderen Mäuse-Waisenkindern zu verstehen gibt, hier könne er nicht bleiben, er müsse doch seine Eltern suchen, lachen ihn die aus: „Vergiß es! Das haben wir schon längst aufgegeben! Die haben dich doch schon längst vergessen! Hier bei uns ist dein Zuhause!"

---

* Die Konzeption des Therapieverlaufs in dieser Form ist meine persönliche Sichtweise des Prozesses, beruht aber in vielem auf Ideen von Erskine, Landsman und Woollams & Brown (Erskine 1978, Landsman 1984, Woollams/Brown) zu diesem Thema.

Und da passiert die Veränderung: der Schmerz, die Einsamkeit, die Verlassenheit verschwinden aus Feivels Gesicht. An ihre Stelle tritt Härte und Trotz: „Ist ja wahr! Wenn sie mich wirklich lieb hätten, dann würden sie mich suchen! Nein, mein Zuhause ist eben hier!"
Der Zuseher kann förmlich die momentane Erleichterung spüren: Feivel hat seine Verzweiflung abgewehrt.
Wenn nun Feivel Jahrzehnte später zu einem Mäuse-Psychotherapeuten ginge (und seine Abwehr, sein Trotz und seine Härte noch viel stärker wären), würde er sehr viel Vertrauen, Schutz, Sicherheit und Zeit brauchen, um sich allmählich auf seine schmerz- und angstvollen Gefühle einlassen zu können.
Ebenso ist es mit den Menschen: sie brauchen eine intensive Beziehung, intensiven Kontakt, um ihre Abwehr abzubauen.
Der Aufbau einer solchen Beziehung, in der später die Lösung für das Feststecken gefunden werden kann, ist das Ziel des ersten Abschnitts in der Therapie. Darin haben verschiedene Dinge Platz: das Finden von Zielen für die Therapie; erste Änderungsschritte im konkreten Verhalten; erste Einsichten über die Mechanismen im Denken, Fühlen und Verhalten, die an der Entstehung des Problems/der Probleme beteiligt sind.
Die Zeit dafür – wie auch für alle anderen Phasen der Therapie – kann sehr unterschiedlich lang sein. Je nach Verfestigung der Abwehr, nach Motivation, nach Vorerfahrung kann dieser Abschnitt zwischen wenigen Wochen und zwei, drei Jahren dauern. Eine Rolle dabei spielt auch das Lebensalter des Hilfesuchenden und damit verbunden das quantitative Ausmaß an Problemen und Leid. Diese erste Phase – das Herstellen der Beziehung – wird im 2. Kapitel dargestellt.
Daran schließt sich nun die

2. Phase: Vorbereiten der Neuentscheidung

Bevor jemand wirklich an die tiefen, wunden Stellen in seiner Lebensgeschichte und in seiner Persönlichkeit herangeht, braucht er eine – längere oder kürzere – Phase der Einsicht: wie habe ich's bisher gemacht, daß es mir so geht, wie es mir geht? Wie würde mein Leben weitergehen, wenn ich nichts ändere?

Diese Einsicht beginnt bereits in der Eingangsphase; jetzt erfolgt eine deutliche Vertiefung bis hin zu dem Punkt: so will ich es nicht mehr – ich will es ändern! Das ist ein Wunsch, der sich in Qualität und Tiefe unterscheidet von der Motivation, die oft am Anfang einer Therapie steht und noch allgemeineren Charakter hat (sie findet ihren Ausdruck oft in Sätzen wie „so kann's nicht mehr weitergehen" oder „irgendwas muß sich ändern"). Hier findet die hilfesuchende Person zu einer sehr konkreten und sehr aktiven Haltung: „*Ich* will das *nicht mehr* – ich *will* etwas anderes!"

Auch bis zu diesem Punkt kann es unterschiedlich lang dauern – von einem blitzartigen klaren Entschluß bis zu langem Zögern und vielem Hin und Her und einem allmählichen Ablösen von der bisherigen Haltung. Diese Phase wird im Kapitel 3 näher beschrieben.

Das „Herzstück" der Psychotherapie aber ist die

3. Phase: Neuentscheidungen

Das ist der Abschnitt, in dem der nun schon sehr tief im Therapieprozeß steckende Mensch seine wesentlichen Fixierungen im Kindheits-Ich-Zustand auflöst.

Er geht zurück an die unbewältigten Punkte seiner Geschichte, erlebt sie neu wieder – und kann sich dann anders entscheiden als damals. Damit steigt er aus seinem Lebensmuster aus. Das ist der Vorgang, der in der TA üblicherweise als „Heilung" bezeichnet wird. (*Berne 1983*).

Hier drückt dieser Mensch oft sehr tiefe Gefühle von Angst, Wut, Traurigkeit, Schmerz, Verlassenheit, aber auch Glück, Freude und Liebe aus. Dieses Durchleben wird als sehr befreiend und lösend empfunden.

Meiner Auffassung nach handelt es sich nicht um *eine* Neuentscheidung, sondern um *mehrere* an wesentlichen Punkten, mit denen ein Mensch eine tatsächliche innere strukturelle Änderung erreichen kann: zu den verschiedenen Eltern- und Autoritätspersonen hin, zu verschiedenen Phasen der Kindheit, zu verschiedenen schlimmen Erfahrungen usw. Oft ist es auch notwendig, an das zentrale Problem, das zentrale Thema der Kindheit und des ganzen weiteren Lebens mehr als einmal im Verlauf einer Therapie heranzukommen. Schließlich sind die frühen Entscheidungen und Schlußfolgerungen schon ziemlich lange festgelegt und damit seit Jahrzehnten verfestigt.

Entsprechend dem zentralen Charakter dieses Abschnittes im Verlauf einer Psychotherapie nimmt seine Darstellung auch den meisten Raum in diesem Buch ein – die Kapitel 4–7.

4. Phase: Integration

Die Neuentscheidungen sind noch nicht das Ende der Therapie. Es ist sehr wichtig, einen Menschen auch noch zu begleiten, zu beraten und zu unterstützen, wenn er seine neuen Entscheidungen ins Alltagsleben umsetzt.

Dieses Umsetzen ist oft gar nicht so einfach – das soziale Umfeld ist oft sehr an den „alten" Menschen gewöhnt und auf ihn eingespielt. Partner, Eltern, Kinder, Arbeitskollegen, Freunde setzen einer Veränderung oft erstaunlich viel Widerstand entgegen. Das kann also Rückschläge bedeuten; außerdem hat jeder Mensch seine alten Lebensgeleise lang genug befahren: das bringt die Möglichkeit mit sich, gerade in der ersten Zeit immer wieder in diese Geleise zurückzu„rutschen". In dieser Phase vergrößern wir meistens die Abstände zwischen den Therapiesitzungen, oder wir machen zwei, drei Monate Pause, um zu sehen, wie die Entwicklung in diesem Zeitraum weitergeht. Die vier Phasen laufen nicht genau und streng abgegrenzt nacheinander ab – es ist nur die Richtung des gesamten Prozesses, die damit angegeben ist. Nach jedem Stück Neuentscheidung ist ein Stück Integration notwendig; danach kann es beispielsweise sein, daß wieder die Arbeit an der Beziehung in den Vordergrund tritt, weil neue, tiefere Schichten von Abwehrmechanismen frei geworden sind.

Ich arbeite einzeln und in Gruppen therapeutisch mit Menschen. Einzeln, das heißt, ein- bis zweimal wöchentlich eine Sitzung von ca. 45 Minuten. Die Therapiegruppen treffen sich dreimal im Monat und haben je sechs Teilnehmer, die über einen längeren Zeitraum hinweg gleich bleiben. Zusätzlich bilden Therapieseminare einen wichtigen Schwerpunkt. Ungefähr vier- bis fünfmal jährlich findet ein solches Seminar statt, das jeweils auf ein bestimmtes Thema hin ausgerichtet ist und wo ich mit einer Gruppe von zwölf bis zwanzig Menschen, oft gemeinsam mit einem Co-Therapeuten, arbeite.

Für die allermeisten der Menschen, mit denen ich therapeutisch arbeite, ist eine Mischung davon das Vorteilhafteste. Das heißt, ein Teil der Psychotherapie passiert in Gruppen und auf Seminaren, ein Teil – meistens der Anfang und eventuell später neu auftauchende Probleme – wird in Einzelsitzungen, im Schnitt einmal wöchentlich, bearbeitet.

Therapie ist ein Entwicklungsprozeß und braucht daher Zeit. Je nach Intensität der persönlichen Problematik und je nach Fragestellung kann die Dauer einer Psychotherapie sehr unterschiedlich sein. Im allgemeinen liegt der zeitliche Rahmen zwischen einem und vier bis fünf Jahren; für einzelne Menschen, mit denen ich arbeite, auch darüber oder darunter.

Das mag erschreckend lang klingen – ist aber vor allem aus zwei Gründen zu relativieren:

– Erstens lebt der betreffende Mensch ja schon seit Jahrzehnten in seinen spezifischen Mustern, die er über die Jahre hin ausbaut und festigt. Etwas, das in vielen, vielen Jahren gewachsen ist, läßt sich nicht von heute auf morgen verändern. Diese meine Ansicht und Erfahrung steht im Widerspruch zu manchen Transaktionsanalytikern – auch zu dem, was Berne an manchen Stellen sagt (*Berne 1966, 1983*).

– Und zweitens ist es ja im allgemeinen nicht so, daß im Therapieverlauf „lange nichts und dann plötzlich viel" passiert (diese Idee könnte die bisherige Darstellung des Therapieverlaufs vielleicht nahelegen); Menschen, die sich auf eine Psychotherapie einlassen, verändern sich von Beginn an kontinuierlich und zeitweise sehr rasch. Sie ändern Dinge in ihrem Verhalten, in ihrem Empfinden, gegenüber ihrer Umwelt, in ihren Beziehungen zu anderen Menschen. Sie fangen an, immer mehr „sie selbst" zu sein, und das ist ein Prozeß, der nicht nur manchmal beschwerlich und schmerzhaft ist, sondern auch oft Quelle für viel Freude und wachsende Selbstsicherheit.

PHASE 1: HERSTELLEN DER BEZIEHUNG

2. Druck und Konkurrenz im Beruf

Schwierigkeiten, Mißbehagen, Unausgefülltheit im Berufsleben sind natürlich kein ausschließlich männliches Problem. Trotzdem scheint es, daß Männer oft
- aus einem anderen persönlichen Hintergrund sich in berufliche Probleme verwickeln und
- anders damit umgehen

als Frauen. Diese zwei Aspekte sind es, die uns in diesem Kapitel beschäftigen.

Die Ursachen für berufliche Schwierigkeiten sind zu vielfältig, als daß sie auf einen einfachen Nenner gebracht werden könnten, insbesondere jene, die von der Einzelperson weitgehend unabhängig sind: ökonomische Aspekte, die enge Verbindung von Arbeit mit „Belastung" und „Überarbeitung" in den kulturellen Werten unserer westlichen Welt, die historisch überlieferte Funktion von Arbeit als etwas Mühseliges u. v. a. spielen dabei eine Rolle. Worum es hier geht, ist folgendes: Wie gehen viele Männer an Arbeit und Beruf generell heran, und wie gehen sie mit Problemen in der Arbeit um? Anders formuliert: Was sind „typisch männliche" Rollen- und Lebensmuster im Beruf (ohne dabei einen Anspruch auf Vollständigkeit zu erheben)?

Dazu drei Hypothesen:
- Viele Männer empfinden Arbeit generell als Konkurrenz- und Drucksituation (die sie oft auch real ist; aber häufig wird sie grundsätzlich so erlebt, auch wenn sie es nicht sein müßte).
- Viele Männer erleben Kollegen – insbesondere männliche – in erster Linie als Konkurrenten, ob sie es nun sind oder nicht.
- Viele Männer definieren beruflichen Erfolg hauptsächlich als „besser als die andern sein".

An dieser Stelle ist es sinnvoll, einen weiteren Begriff aus der Theorie der Transaktionsanalyse einzuführen – den des **Bezugs-**

rahmens (diese Konzeption wurde von Jacqui Lee Schiff und ihren Mitarbeitern entwickelt – *Schiff & al.*).
Damit ist die spezifisch-persönliche Art eines Menschen gemeint, die Welt wahrzunehmen. Der Bezugsrahmen ist gewissermaßen eine Art „Haut", die Eltern-, Erwachsenen- und Kindheits-Ich-Zustände als Ganzes umgibt und sie zu einer Gesamtpersönlichkeit verbindet. Er ist ein umfassendes System von Wahrnehmen, Verstehen, Erklären, Fühlen und Handeln, das jeder Mensch braucht, um sich selbst, andere und die Welt zu definieren.
Ob also jemand sagt: „Wie schön, mein Glas ist noch halb voll", oder: „Wie schade, mein Glas ist schon halb leer", hängt von seinem persönlichen Bezugsrahmen ab.
Der Bezugsrahmen regelt, was wir von der gesamten, objektiv wahrnehmbaren Realität wirklich wahrnehmen und was wir ausfiltern. Durch diesen Vorgang wiederum bleibt unser Welt- und Selbstbild erhalten.
Wenn jemand in meine Praxis kommt und als erstes denkt: „So ein großer Raum!", wenn jemand anderer sich fragt: „Nur zwei Stühle hier herinnen?", und wenn ein Dritter erfreut bemerkt: „Oh, eine Stehlampe!" – dann haben alle drei die objektive Realität wahrgenommen: aber eben bestimmte Aspekte mehr, andere weniger, manche gar nicht. Zusätzlich haben sie diese Aspekte innerlich bewertet – all das heißt, daß ihr persönlicher Bezugsrahmen zum Ausdruck kommt.
Kommen wir nun auf die drei Hypothesen (Männer empfinden Arbeit oft generell als Konkurrenzsituation, erleben Kollegen häufig als Konkurrenten und definieren beruflichen Erfolg als „besser sein") zurück. Zusammenfassend kann man sagen, daß viele Männer (zumindest im Punkt „Arbeit und Beruf") einen **konkurrierenden Bezugsrahmen** haben. Das heißt, sie nehmen die Wirklichkeit so wahr bzw. schließen bestimmte Teile von ihrer Wahrnehmung so aus, daß sich für sie insgesamt ein Bild des Kampfes „jeder gegen jeden" in der Berufswelt ergibt.
Bezugsrahmen fallen nicht vom Himmel; Menschen entwickeln sie im Lauf ihres Lebens, um in der Welt zurechtzukommen. Das heißt, daß der Bezugsrahmen von frühen Lebenserfahrun-

gen, von frühen Eindrücken, wie die Welt sich darstellt und wie sie von wichtigen Bezugspersonen dargestellt wird, geprägt ist. Daraus wiederum läßt sich die Schlußfolgerung ableiten: ein Mensch, dessen Bezugsrahmen zu einem wichtigen Punkt in seinem Leben von konkurrierenden Vorstellungen geprägt ist, bestimmt sehr wahrscheinlich sein ganzes Lebensbild vom Gesichtspunkt der Konkurrenz her.

Charakteristische Positionen für Menschen mit konkurrierendem Bezugsrahmen sind:
– Was ich kann und habe, darf niemand anderer können und haben.
– Was andere können und haben, muß ich besser können und haben.
– Was andere für richtig halten, übernehme ich nur, wenn ich keine andere Möglichkeit habe.
– Die andern sind alle gegen mich.
– Ich bin letztlich allein auf der Welt.

In diesen Sätzen wird eine sehr einsame, freudlose Welt entworfen – solche Bezugsrahmen sind Grundmuster für depressive oder manisch-depressive Störungen. Das deckt sich auch mit den Aussagen von J. Schiff und anderen Transaktionsanalytikern *(Schiff & al., Loomis/Landsman)*.

Und damit sind wir bei einem wesentlichen Punkt: Ein Mensch, der mit Haltungen wie den oben geschilderten ans Leben im allgemeinen und ans Berufsleben im besonderen herangeht, ist entweder schon depressiv oder in Gefahr, es zu werden.

Wie wir gesehen haben, bewirkt der Bezugsrahmen, daß Menschen die Realität so zurechtformen und auch verformen, daß ihr Weltbild auf jeden Fall aufrecht bleibt. Das heißt: viele Arbeits- und Berufssituationen in unserer Welt sind tatsächlich unerfreulich, sind von Konkurrenz, Hierarchie und Druck geprägt. Dort, wo sie es aber nicht sind bzw. nicht sein müßten, werden Menschen – und vielfach Männer – mit einem rivalisierenden Bezugsrahmen (der ja ein „typisch männliches" Lebensmuster ist) alle Anstrengungen unternehmen, Arbeit und Beruf schwer erträglich zu machen oder zumindest so zu erleben.

Um ihre Probleme zu lösen, ist es für solche Menschen daher

entscheidend, ihren konkurrierenden, rivalisierenden Bezugsrahmen zu erweitern bzw. zu verändern – ob das nun durch Psychotherapie oder etwas anderes angeregt wird.

Veränderungen des Bezugsrahmens werden durch neue Erfahrungen und vor allem auch durch das Akzeptieren anderer Realität erreicht. Das kann durch vielerlei möglich sein: indem man beginnt, sich vor Augen zu halten, daß nicht jedermann ein potentieller Gegner ist; indem man Gelegenheiten sucht (z. B. in der Freizeit), wo es nicht um Rivalität geht; indem man andere berufliche Möglichkeiten anstrebt; indem man in eine Selbsthilfe- oder eine Therapiegruppe geht und dort Erfahrungen mit Gleichberechtigung und Gleichwertigkeit sammelt.

Dieser Aspekt – Verändern des rivalisierenden Bezugsrahmens – ist also von großer Wichtigkeit in der Therapie mit Menschen mit beruflichen Problemen.

Wie gehen nun Männer – häufig – mit Schwierigkeiten im Beruf um?

Offensichtlich vielfach auf negative Art – psychosomatische Beschwerden, Depressionen, Schlaflosigkeit, Alkohol- und Medikamentenmißbrauch aufgrund beruflichen Drucks sind bei Männern Legion.

Hier können wir eine Verbindung zum ersten Kapitel und der beschriebenen frühen Fixierung von Fritz herstellen: zum konkurrierenden Bezugsrahmen paßt auch das Muster, „keinen Schmerz zu kennen". Das heißt, viele der Gefühle, die mit Frustration zu tun haben (Verletztheit, Traurigkeit, Verzweiflung, Angst, oft auch Ärger und Wut), abzuwehren, also nicht spüren zu dürfen.

Kein Gefühl, das abgewehrt wird, geht verloren: es schlägt sich in körperlichen Symptomen (Herz-Kreislauf-Beschwerden, Verdauungsstörungen, Magenschmerzen und -geschwüre u. v. a.) nieder. Oder es wird verschoben (z. B. zu allgemeinen Angstzuständen hin). Oder es wird so stark, daß auch die Abwehr immer massiver werden muß und dann suchtartige Formen annehmen kann: am häufigsten Rauchen, Trinken, Essen, Medikamentenmißbrauch; aber auch exzessive sexuelle Aktivitäten, Spielsucht usw. fallen hier herein.

Aus der Sicht der Psychotherapie, wie im ersten Kapitel dargelegt, stellt sich die Lösung in der Theorie einfach dar: Auflösung der Abwehr, um – vom unmittelbaren Problem (im Beruf) ausgehend – zu den frühen Entscheidungen (hart und rivalisierend zu sein) zu gelangen, die dann anders entschieden werden können.

In der Praxis ist das Problem, daß die Abwehr hier eben sehr intensive Formen hat – wie Sucht oder körperliche Beschwerden. Oft sind diese Symptome so massiv, daß sie sehr im Vordergrund stehen und den Zugang zum „eigentlichen" Problem erschweren. Die therapeutische Auseinandersetzung mit ihnen ist oft sehr umfangreich.

Zum Beispiel: Jemand, der in Therapie kommt, weil er viel trinkt, wird – natürlicherweise – wollen, daß sein Alkoholproblem gelöst wird. Über die intensive Beschäftigung damit – z. B. Entwickeln von Lösungsstrategien, Aufarbeiten von Rückfällen usw. – kann leicht die zugrundeliegende Schwierigkeit in den Hintergrund treten: nämlich, daß er seine (in diesem Fall) beruflichen Probleme nicht lösen kann.

Gleichzeitig ist es natürlich unangemessen zu sagen: „Lösen Sie Ihre beruflichen Probleme, und vergessen Sie das Trinken!" – Dazu schafft das Trinken an sich zu viele eigenständige Probleme*.

Daher kommt bei solchen Problemstellungen dem ersten Teil der Therapie – Herstellen der Beziehung über Erlangen von Klarheit über die Zusammenhänge – besondere Bedeutung zu. Dann wird es möglich, eine Art „Doppelstrategie" zu verfolgen: sich sowohl mit den Symptomen (der Abwehr) *als auch* mit der zugrundeliegenden Problematik und deren lebensgeschichtlichen Ursachen auseinanderzusetzen. Dadurch wird es dem betreffenden Menschen letztlich auch möglich, sein „Doppelproblem" zu lösen.

---

* Ich möchte an dieser Stelle den Eindruck vermeiden, daß Sucht nur aufgrund beruflicher Probleme entstehen kann; wohl aber ist Sucht meiner Ansicht nach immer eine Form der Abwehr.

Fritz, 26: „Die sind ja nur alle gegen dich!"

Fritz tritt in den ersten Wochen seiner Therapie finster, verschlossen und mürrisch auf. Kaum ein Thema im Gespräch, das er nicht mit Zynismus und Spott behandelt – am allermeisten spricht er über sich selbst und seine Probleme so.
In den ersten Sitzungen habe ich folgendes über ihn erfahren: Er ist 26, unverheiratet und arbeitet seit vier Jahren als Angestellter im öffentlichen Dienst. Dort hat er erhebliche Schwierigkeiten mit seinem unmittelbaren Vorgesetzten, der ihn – nach Fritz' Darstellung – „schikaniert, wo er nur kann".
Dementsprechend frustriert ist Fritz mit seiner Arbeit:
„In der Früh', wenn ich aufsteh', hab' ich als erstes Magenweh, dieses richtig schöne Magendrücken, das begleitet mich dann. Wenn ich ins Büro reingeh' – mir kommt einfach das Kotzen, wenn ich meinen Schreibtisch nur seh'. Und der Chef, der taucht dann um 5 nach 8 das erste Mal auf – ich sag' Ihnen, so ein richtig sympathischer kleinkarierter Bonze. Pfui Teufel! Ich halt' diesen Job einfach nicht mehr aus!"
In den letzten zwei Jahren hat er mehr und mehr Alkohol getrunken, um „mit dem Problem fertig zu werden". Zuletzt ist er (an Arbeitstagen) bei regelmäßig ein bis zwei Litern Bier und etwa einem Liter Wein angelangt. Das ist auch der unmittelbare Grund seines Kommens: Seine derzeitige Freundin hat ihm gedroht, sich von ihm zu trennen, wenn er sich nicht wegen seines Alkoholkonsums therapeutische Hilfe hole.
Zu diesem Punkt ist Fritz durchaus problemeinsichtig:
„Und, wissen Sie, das Verlassen ist nicht die Schwierigkeit. Soviel liegt mir nicht an der Frau. Mir liegt überhaupt am schönen Geschlecht nicht rasend viel. Aber sie hat leider recht – ich sauf' ganz schön was über den Durst, ich weiß es selbst. Und ich weiß auch ungefähr, wo ich lande, wenn das so weitergeht, aber ..."
Dieser Satz fällt in der vierten Stunde. Ich knüpfe daran an:
Therapeut: Aber?
Fritz: Aber – am liebsten hätt' ich jetzt gesagt, ich komm' ohne Alk nicht aus. Aber da sträubt sich was in mir, wahrschein-

lich so das, was man guter Kern im Menschen nennt. Das mag ich nicht sagen. Obwohl ich andererseits nicht wüßt', wie ich das Problem sonst packen sollte.

Th: Welches Problem?

F: Ja, welches? Das Büro, die Frauen, das Alleinsein, das ganze Leben!

Das ist ein heikler Punkt: Fritz spricht zum ersten Mal die grundlegenden Probleme seines Lebens – Arbeit, Einsamkeit, Depressionen – in dieser Deutlichkeit an. Soll ich trotzdem beim Thema „Alkohol" bleiben (weil das ja akut im Vordergrund steht und bedrohliche Dimensionen hat) – und damit riskieren, daß die Probleme „unter" dem Trinken möglicherweise lange aus der Therapie ausgeklammert bleiben? Und damit Fritz bei dem helfen, was er ohnehin (unbewußt) tut: das Trinken zum Verdrängen und Wegschieben seiner anderen Probleme (die er vor dem Trinken auch schon hatte) benutzen?

Oder soll ich aufs Trinken im Moment nicht weiter eingehen? Dann käme ich vielleicht auf Fritz' „tiefere" Probleme zu sprechen – aber ich würde ihm möglicherweise damit signalisieren, daß ich seinen hohen Alkoholkonsum für keine allzugroße Schwierigkeit hielte.

Ich entscheide mich dafür, diese Problematik direkt anzusprechen:

Th: Hm, für mich klingt das so: Sie sehen das starke Trinken als ein Problem. Gleichzeitig höre ich aber, mit dem Alkohol versuchen Sie auch andere Dinge zumindest leichter durchzustehen.

F: Ja, genauso.

Th: Und da sehe ich für mich eine Schwierigkeit: wenn ich mit Ihnen weiter übers Trinken oder übers Trinken-Aufhören rede, dann kommen wir fürs erste wahrscheinlich nicht zu diesen anderen Problemen hin, die Sie mit dem Trinken zu lösen versuchen.

F: Na, dann reden wir über die andern Probleme! Denn daß ich sie mit dem Saufen nicht wirklich löse – das ist mir schon klar.

Th: Einverstanden. Ich möchte damit aber nicht erreichen, daß wir das Alkoholproblem ausklammern oder unter den Tisch fallen lassen. Denn ich halte Ihr Trinken tatsächlich für ein schwieriges Problem und für eine ernste Gefahr.

F: Gut. Reden wir übers Trinken, nachdem wir erst mal über die andern Sachen geredet haben.

Nach dieser ersten deutlichen Vereinbarung, diesem ersten „Vertrag", den wir miteinander getroffen haben, ändert sich unser Kontakt spürbar. Fritz gibt ein Stück von seiner Verschlossenheit und seinem Mißtrauen auf – er hat zum ersten Mal aktiv Verantwortung für seinen Veränderungsprozeß übernommen (wenn wir von der Entscheidung, in Therapie zu gehen, einmal absehen).

Allmählich finde ich Zugang zu Fritz' Lebensmustern: Tiefe Unzufriedenheit und Leere begleiten ihn durch alle Bereiche seines Daseins. Er findet leicht Kontakt zu Frauen – aber er läßt sich auf keine tiefe Beziehung ein. Er hat viele „Bekannte" – aber keinen wirklichen Freund. Er wohnt bei seinen Eltern (deren Ehe schon seit vielen Jahren sehr schlecht ist), ist unglücklich darüber, daß er mit seiner Mutter häufig in Konflikt kommt und sich abhängig fühlt – aber er zieht nicht aus, „weil es so billiger ist". Und vor allem die Misere im Büro: Anscheinend kann Fritz sich anstrengen, soviel er will, er erledigt seine Arbeit nie zur Zufriedenheit seines Chefs, und er wird nie fertig damit.

Zwei Wochen nach dem vorhin geschilderten Gespräch, in der 6. Stunde, erzählt Fritz, daß er ausprobiere, weniger zu trinken. Damit an sich habe er wenig Probleme, aber:

F: Im Büro ist's dann halt wirklich die Hölle, wenn ich nicht einmal mehr den Trost habe, daß ich mir abends die Birne vollaufen lassen kann.

Th: Wie schaut denn diese Hölle aus?

F: Huh, fragen Sie nicht! Also, schon einmal der Chef – es gibt ja nichts, was man dem recht machen kann. Jeder Akt, der über meinen Schreibtisch geht, geht sofort wieder zurück an mich. Ungenau durchgearbeitet. Irgendwelche Mängel kann der immer finden, der Alte. Und noch ein paar solche Nettigkeiten. (Fritz erzählt noch zwei weitere Schikanen seines

Vorgesetzten.) Kurz und gut – es sind einfach alle gegen mich, und das macht die Sache nicht gerade einfach.

Th: Was meinen Sie mit: alle?

F: Na – alle eben!

Th: Bis jetzt habe ich von Ihrem Chef gehört.

F: Na ja, der Chef sowieso, aber auch unter den Kollegen, wissen Sie, in jedem Amt gibt's ja diese besondere Art von gleitfreudigen Mitarbeitern –

Th: Aha. Und bei Ihnen sind die alle so?

F: Alle – alle sicher nicht. Aber natürlich hab' ich Gegner.

Th: Das glaub' ich Ihnen gern. – Was heißt das für Sie, wenn nicht alle gegen Sie sind?

F: Nicht alle – hm. Hm, stimmt eigentlich. Der D., mit dem kann man schon gelegentlich zusammenarbeiten. Und die S. – na ja, sagen wir, alle sind's wirklich nicht.

Th: Und was heißt das dann für Sie, wenn das so ist?

F: Hm, weiß auch nicht recht.

Th: Ich kann mir vorstellen, wenn jemand mit der Idee in sein Büro geht, daß jeder gegen ihn ist – daß man ihm das auch anmerkt.

F (lächelt): Ja, da muß ich Ihnen schon recht geben. Man schaut dann schon sehr finster drein, manchmal . . .

Th: Wer, man?

F: Na, ich! – Hm. Das – das wird einen natürlich nicht gerade aufmuntern, freundlich zu mir zu sein.

Nachdem wir noch eine Weile über diesen Punkt – Fritz' möglichen Beitrag zum schlechten Klima in seinem Büro – gesprochen haben, stelle ich ihm die Frage:

Th: Und das, daß einige gegen Sie sind, vor allem Ihr Chef, das würde sich ändern, wenn Sie Ihre Stelle wechseln würden?

F: Ja.

Th: Sicher?

F: Absolut. – Hm . . . (Pause) hm . . . da muß ich sagen, mir fällt ein, daß ich schon in der Schule oft gedacht habe, eigentlich die ganze Zeit, die sind ja nur alle gegen dich, weil . . .

Th: Ah! Dann ist das nicht das erste Mal in Ihrem Leben so eine Situation?

F: Nein ... (Pause).
Th: Sie haben gedacht, die sind alle gegen mich, weil –?
F: Weil – na ja, wer hat schon Interesse daran, daß jemand anderer die Nummer 1 ist? Jeder will doch top sein!
Th: Den Zusammenhang versteh' ich noch nicht.
F: Ist doch ganz einfach: jeder will die Nummer 1 sein, jeder will verhindern, daß wer anderer es wird.
Th: Jeder will die Nummer 1 sein?
F: Na klar – wozu arbeitet man denn sonst?
Th: Sie arbeiten, um Nummer 1 zu werden?
Th: Sicher.
Th: Wie kommt das?
F: Wie das kommt – wollen Sie denn nicht die Nummer 1 sein?
Th: Nein.
F: Nein? Was denn dann?
Th: Gut sein – auf meine eigene Art. Aber ohne deswegen anderen ihr eigenes Gut-Sein abzusprechen.
F: Ach?
Th: Mhm. Ich denke, daß es natürlich Konkurrenz gerade im Bereich Arbeit auch gibt – aber daß Spaß an und in der Arbeit wichtiger ist, als absolut Spitze zu sein.
F: Aber was macht denn dann Spaß, wenn nicht, absolut top zu sein? Jede Menge Geld zu machen? Villa mit Pool und Chauffeur, um mal so die Klischees zu erwähnen?
Th: Da könnten ja nur recht wenige Menschen Spaß an der Arbeit haben – denn wie viele können schon Nummer 1 sein.
F: Na ja, sicher, ist schon mörderisch. – Also, für mich war das schon immer klar. Als Kind schon – ich weiß noch genau, meine Mutter hat eine Freundin, und die hat einen Sohn, der, also der Sohn von der Freundin, der war gleich alt wie ich. Und da ist es immer drum gegangen, wer was besser kann, der A. oder ich. Vom Lesen und Schreiben angefangen, oder sicher noch früher, vom Laufen und vom Topfgehen. Und immer, wenn ich was können hab', hat sie gesagt, siehst du, das kann der A. nicht! Jetzt bist du die Nummer 1!
Th: Ah! Ihre Mutter wollte, daß Sie Nummer 1 werden?
F: Wollte – sie will! Das höre ich ja tagtäglich als Vorwurf von

ihr, daß ich doch nicht in diesem Amt verkümmern kann ...
Th: Also Ihre Mutter will, daß Sie Nummer 1 sind. Ist das auch, was Sie wollen?
F: Hm ... das ist gar nicht einfach. Da muß ich drüber nachdenken. Für mich war das bis jetzt so klar, von Kindesbeinen an: alles andere ist zu vergessen, schon überhaupt jobmäßig, wenn du nicht Nummer 1 wirst ... da muß ich wirklich ausführlich drüber nachdenken.

Damit beenden wir diese, die 6. Stunde.
Beim nächsten Mal erzählt Fritz, er habe eine Menge über die letzte Stunde nachgedacht und darüber, wo er mit seiner Therapie überhaupt hinwolle.

Th: Ich find' das ausgezeichnet, daß Sie darüber nachdenken!
F: Ja, denn mir ist schon klargeworden, daß das „Saufen aufhören" allein, das hab' ich mir nämlich am Anfang so vorgestellt, daß das allein nicht reicht. Nicht reicht, um meine Probleme zu lösen. Und mir kommt jetzt manchmal vor, ich hab' mehr Probleme, als ich geahnt habe.
Th: Sind Sie einverstanden, wenn wir darüber sprechen, was für Ziele Sie mit der Therapie erreichen wollen?
F: Ja, das wär' mir im Moment sehr wichtig.
Th: Gut. Was wollen Sie erreichen, damit's Ihnen in Ihrem Leben bessergeht?
F: Huh – da weiß ich gar nicht, wo anfangen. Ein anderer Job, das wär' sicher wichtig – aber ist es damit getan? Eine andere Freundin – ach, was sag' ich – überhaupt ein anderer Mensch muß ich werden, das ist es!
Th: Na, lassen wir einmal die Kirche im Dorf. Sie haben schon recht, eine Veränderung zieht oft andere nach sich, und letztlich verändert sich der ganze Mensch. Trotzdem denke ich, daß es wichtig ist, einmal von einem konkreten Punkt auszugehen.
F: Hm – ja. Wie war Ihre Frage – was alles anders werden muß, damit's mir bessergeht?
Th: Nein. Meine Frage war, was Sie erreichen wollen, damit es Ihnen in Ihrem Leben bessergeht.

F: Gar nicht so einfach. Na ja, wenn ich erreichen könnte, daß der Boß –

Th: Hm, den haben wir nicht hier sitzen, das wissen wir nicht, ob der sich ändern wird oder nicht. Wer hier sitzt, das sind Sie.

F: Ja . . . was ich erreichen will . . . hm, da muß ich nachdenken. (Lange Pause)

Th: Gut, wenn Sie nachdenken.

F: Gar nicht so einfach . . . vor allem: konkret! Allgemein wüßt' ich's schon eher . . . sind ganz banale Dinge auch erlaubt?

Th: Ich weiß nicht, was für Dinge für die Verbesserung Ihres Lebens erlaubt sind.

F: Hm . . . leichter wär's mir zu lamentieren, wie schlimm alles ist . . .

Th: Das glaub' ich gerne (lächelt).

F (lächelt auch): Aber dafür wär's eine Menge Kohle, die ich hier bleche.

Th: Stimmt.

Nach einigen weiteren Versuchen von Fritz, die Frage de facto unbeantwortet zu lassen, schlage ich ihm vor, bis zur nächsten Stunde drüber nachzudenken.

F: Nein, mir reicht's, wenn Sie mir jetzt zehn Minuten geben und mich in der Zeit allein lassen, und ich mir einige Notizen machen kann.

Th: Einverstanden!

Zehn Minuten später:

F: War gar nicht einfach! Aber jetzt hab' ich einige Punkte! Wollen Sie sie hören?

Th: Na klar!

F: Also: Erstens einen Job, der mir Spaß macht. Zweitens eine eigene Wohnung. Und drittens eine Beziehung mit einer Frau.

Th: Bravo! Drei ganz konkrete Punkte!

F: – eine Beziehung mit einer Frau, die wirklich eine Beziehung ist, ich meine Liebe, ich weiß nicht, ob Sie verstehen, was ich meine.

Th: Ich denke, ich verstehe, um was es Ihnen geht. Spitze! Ich kann mir denken, daß das ganz enorme Veränderungen in Ihrem Leben sein werden – wenn Sie eine Arbeit haben, die Ihnen Spaß macht, eine Wohnung, weg von den Eltern und eine wirkliche Partnerbeziehung.
F: Ja ... aber im Moment kommt's mir reichlich utopisch vor.
Th: Das kann gut sein. Aber ich denke, das sind Ziele, die grundsätzlich für Sie erreichbar sind.
F: Hm ... ja, wahrscheinlich schon. Huh – wenn ich mir das so vorstell'. ... (lächelt breit)
Th: Hm – scheint sich gut anzufühlen, die Vorstellung, solche Veränderungen zu erreichen!
F: Oh ja!

Mit der Vereinbarung, beim nächsten Termin ausführlich über die einzelnen Punkte zu sprechen, beenden wir die Stunde. Beim nächsten Mal reden wir dann eingehend über das erste der drei Ziele: einen Job zu finden, der Fritz Spaß macht. Er kommt drauf, daß eine Menge Änderungen notwendig sein werden, um dieses Ziel zu erreichen:

– überhaupt zu lernen, was Spaß und Freude empfinden wirklich ist;
– mit dem Trinken aufzuhören;
– die Idee, Nummer 1 sein zu müssen und damit sein heftiges Konkurrenzdenken und -verhalten aufzugeben.

Danach klären wir ab, was Fritz bereit ist, von sich aus zu tun, um diese Veränderungen zu ermöglichen:

– in Therapie zu gehen, solange es nötig ist (statt maximal drei Monate, wie er am Anfang vorhatte), das heißt, auch entsprechend viel Zeit und Geld dafür zu opfern;
– verschiedene Berufe auszuprobieren, um seine Neigungen herausfinden zu können;
– mit dem Trinken nach einem vereinbarten Plan aufzuhören und dazu auch in eine Gruppe der Anonymen Alkoholiker zu gehen;
– sich von seiner Mutter räumlich zu trennen, d. h. auszuzie-

hen, um überhaupt herausfinden zu können, was er selbst mit Arbeit im Sinn hat.

Zum Schluß stelle ich ihm noch zwei Fragen:

Th: Wie wird's denn jemand Dritter – außer Ihnen und mir – merken, wenn Sie Ihr Ziel erreicht haben?

F: Ha – hm ... spielt das überhaupt eine Rolle?

Th: O ja! Unter anderem wird es Ihnen helfen, von anderen zu hören, wie Sie sich verändert haben.

F: Na ja, ich werd', ich – egal, wo ich dann arbeite –, ich werd' mit einem Gesicht zur Arbeit kommen, an dem man merkt, daß es für mich okay ist, den Job zu machen, daß es mich einfach freut.

Th: Gut! Noch was?

F: Ja! Ist mir gerade eingefallen: daß ich nur mehr Cola und Mineral trink'!

Th: Ah! Sehr gut! – Noch eine letzte Frage: Haben Sie eine Idee, wie Sie sich selber ein Bein stellen könnten dabei, einen Job für Sie zu finden, der Ihnen Spaß macht?

F: Wozu sollte ich denn das tun?

Th: Na ja, Sie haben es wahrscheinlich selber in der letzten Stunde und auch heute gemerkt, wie viele Teile in Ihnen es noch gibt, die sich wehren gegen eine Veränderung. Jeder Mensch hat seine heimlichen Strategien, um sich selbst auf dem Weg zu positiver Veränderung zu sabotieren.

F: Kommt mir ... jetzt, wo Sie das sagen, ist mir eingefallen, daß ich mir vorher gedacht hab': und wenn ich weitersauf' und 's ihm nur nicht sag'?

Th: Ja! Genau das ist es, was ich meine!

F: Na ja, da fallen mir schon ein paar Dinge ein: Ich könnt' auch die Therapie abbrechen, wenn's mir zu lang dauert. Oder – einfach weitersaufen, ja, das hab' ich schon gesagt. Oder mich im Büro so aufführen, daß sie mich feuern. Und dann wär's nicht so leicht, was anderes zu finden. (Pause) Oder, was mir in der letzten Zeit aufgefallen ist, wo ich weniger sauf'. Ich neig' mehr dazu, mir Bettgeschichten, so für eine Nacht, anzufangen. Das wirkt dann wie der Alk: ich brauch' nicht mehr denken ...

Th: Ah ja! Diese Dinge, denke ich, sind wichtig, im Aug' zu behalten. Und ich find's toll, wie gut Sie darüber denken können, wie Sie sich selbst sabotieren könnten.

Nach dem genauen Ausarbeiten dieses Zieles verwenden wir für die beiden anderen vorerst nur mehr wenig Zeit. Einerseits wurden ja Elemente davon schon besprochen, andererseits stellen sie auch spätere Schritte dar.
Diese Vereinbarung bildet dann im wesentlichen die Grundlage für insgesamt etwa vier Jahre Therapie – zum Teil einzeln, zum Teil in Gruppen. In dieser Zeit ändert Fritz nach und nach eine große Menge in seinem Leben (von der Schlußphase seiner Therapie wird im 8. Kapitel die Rede sein).

PHASE 2:
VORBEREITEN DER NEUENTSCHEIDUNG

3. Einsamkeit und Resignation als Bilanz eines vorsichtigen Lebens

Für viele Männer ist der Übergang zum Altwerden, oft im Zusammenhang mit der Pensionierung, eine tiefe Krise in ihrem Leben. Sie beginnen Bilanz zu ziehen, sie haben mehr Zeit nachzudenken und sich mit Sinn und Inhalt ihres Lebens zu befassen. Viele von ihnen kommen zu einem Punkt, wo sie sich – mehr oder weniger bewußt – fragen: Wozu das alles? Oder: Was kann jetzt überhaupt noch kommen?

Viele von ihnen vereinsamen, werden krank, manche sterben rasch. Andere werden unleidlich und querulantenhaft – und manche schaffen den Schritt, diesen Übergang positiv zu bewältigen, entscheidende Dinge zu ändern und einen versöhnlichen Ausklang ihres Lebens zu finden.

Es sind sehr unterschiedliche Typen von Männern, die an diesem Punkt des Lebens in eine ähnliche Art von Krise kommen. Die unterschiedlichen Muster im einzelnen zu untersuchen, würde wohl ein eigenes Buch beanspruchen; hier beschäftigt uns der Typ Mann, der im letzten Drittel eines eher banalen, alltäglichen Lebens ohne besondere Höhepunkte und Erfolge steht.

Das beherrschende Element im Leben der Männer war die Vorsicht – Vorsicht in der Partnerwahl, bei beruflichen Entscheidungen, in Kontakten mit anderen Menschen. Manchmal ist es ihnen damit gelungen, ernsthafte Rückschläge und Frustrationen zu vermeiden, manchmal nicht. Manche von ihnen strahlen nach außen auf den ersten Blick sogar etwas wie Zufriedenheit aus, die aber in Wirklichkeit meist Anspruchslosigkeit ist – oder vielmehr das Resignieren, das Aufgeben der Hoffnung, ihre Ansprüche jemals verwirklichen zu können. Dieser Typus alternder oder alter Männer begegnet uns täglich – auf der Parkbank beim Taubenfüttern oder aus dem Fenster schauend und aufs Fernsehprogramm wartend. So klischeehaft und beinahe lächerlich das klingt, so wenig zum Lachen ist es in Wirklichkeit: denn das Ausmaß an Unglück und Frustration, das in diesen Menschen steckt, ist oft sehr groß.

Was steckt hinter dieser Vorsicht, die so groß ist, daß viele dieser Männer auf fast jede Art von Lebenserfüllung verzichten? Danach befragt, werden die meisten etwa antworten: „sicher ist sicher" oder „man weiß ja nie" oder „schlechte Erfahrungen" – und auch aus diesen Antworten wird sich ihre Vorsicht und ihre Angst, sich festzulegen, spiegeln.

Vorsicht – ob angemessene oder übertriebene – entwickeln Menschen aus Angst vor negativen Folgen. Wie wahrscheinlich oder unwahrscheinlich, d. h. wie real oder wie phantasiert diese Folgen sind – darin liegt der Unterschied zwischen gesunder, lebenserhaltender und ungesunder, lebenseinschränkender Vorsicht.

An einem Beispiel: Jemand, der nach links und rechts schaut, bevor er eine Straße überquert, befürchtet, bei Unachtsamkeit von einem Auto niedergefahren zu werden. Seine Vorsicht in diesem Moment ist gesund, angemessen und lebenserhaltend. Jemand, der befürchtet, er könne jederzeit auch ein Auto übersehen – eines könnte völlig unversehens jeden Moment heranbrausen –, und deswegen nur äußerst verkehrsarme Straßen überquert und sich mit großen Umwegen durch die Stadt schlängelt, ist übervorsichtig und schränkt sein Leben damit stark ein.

Das eine ist lösungsgerechtes Verhalten – das andere die Passivität eines Menschen, der ein gegebenes Problem (das Überqueren einer verkehrsreichen Straße) für seine Person für unlösbar hält.

Wenn wir nun unseren (über)vorsichtigen Straßenüberquerer weiter in seinem Leben beobachteten, könnten wir feststellen, daß er natürlich auch in anderen Bereichen ähnlich vorgeht – beispielsweise bei seiner Ernährung, hinsichtlich seiner Kleidung, bei Krankheiten, im Umgang mit anderen Menschen usw. Wir würden herausfinden, daß „Vorsicht!" sein **Grundmuster** ist.

Genaues darüber, wie und warum Menschen zu bestimmten Grundmustern kommen, die ihre gesamte Lebensgestaltung und -planung bestimmen, findet sich im Anhang dieses Buches. Hier nur soviel:
Jeder Mensch durchläuft als Kind folgenden Prozeß: Wir machen Erfahrungen, und wir erhalten Anweisungen und Ratschläge (vor allem von unseren Eltern) – Gebote, Verbote und Erlaubnisse. Aus diesen Elementen ziehen wir bestimmte Schlußfolgerungen (wie im 1. Kapitel Fritz: Weinen ist hier nicht am Platz!) und Entscheidungen (wie Fritz: Am besten, ich werde hart!). Daraus formen wir uns ein bestimmtes Bild über uns selbst, andere Menschen und die Welt im allgemeinen.
Einen Teil dieses Vorgangs haben wir bereits im vorigen Kapitel bei der Entstehung des Bezugsrahmens kennengelernt. Hier geht es aber um mehr: nicht nur um den Prozeß, einen allgemeinen Rahmen zum Zurechtfinden in der Welt zu entwickeln. Hier geht es darum, was wir mit negativen Erfahrungen, Drucksituationen, einschränkenden Botschaften unserer Eltern in Summe machen. Wir sind gezwungen, mit den Problemen, die daraus entstehen, umzugehen, Lösungen dafür zu finden, bestimmte Botschaften zu glauben, auch wenn sie uns nicht passen – um uns selbst möglichst vorteilhaft anzupassen und zu schützen.
So entwickelt das Kind über Jahre hinweg in einer Kombination aus Schlußfolgerungen, elterlichen Botschaften und eigenen Entscheidungen einen Plan, ein Grundmuster für den Ablauf seines Lebens. Die TA nennt mit einem Begriff aus dem Amerikanischen solche Lebenspläne **„Skripts"** *(Berne 1983, Steiner 1982)*.
Um also ein Skript, ein Lebensmuster, mit dem Inhalt „Vorsicht!" zu entwickeln, braucht es eine der folgenden Voraussetzungen (oder eine Kombination):
– Als Kind wenig oder keine Erlaubnis, Dinge auszuprobieren, zu erfahren und zu lernen. Dazu passen oft übervorsichtige und überängstliche Eltern oder Elternteile (andere Aspekte dieser Konstellation werden uns in Kapitel 5 wiederbegegnen). Aber auch Eltern, die sich von der Lebendigkeit des

Kindes überfordert fühlen und es dann zu „Ruhe" und „Bravsein" erziehen, können hier im Hintergrund stehen.
- Oder/und (und das hat oft nachhaltige Folgen) das Kind wächst in einer Welt auf, in der es keinen Sinn hat, etwas auszuprobieren, zu unternehmen, jemandem nahezukommen. Keinen Sinn, weil solche Aktivitäten entweder gar nicht beachtet oder zurückgewiesen werden („laß mich doch in Ruhe", „schau, daß du ins Bett kommst" usw.).

Wichtig dabei ist, daß solche Faktoren lang, über viele Jahre hinweg, gehäuft und wiederholt auftreten. Die Entstehung des Skripts ist als ein langer, sich entwickelnder und verstärkender Prozeß zu verstehen.

Natürlich müssen nicht alle Kinder, die so aufwachsen, zwangsläufig zu Skriptschlußfolgerungen und -entscheidungen in Richtung eines (über)vorsichtigen Lebens kommen. Aber, umgekehrt, bei Menschen, die so ein übervorsichtiges Leben führen, lassen sich nahezu immer solche Faktoren am Ausgangspunkt finden.

Eines der Hauptcharakteristika des Skripts ist, daß es ein sich selbst verstärkender und bestätigender Prozeß ist. Das heißt: Menschen mit bestimmten Grundannahmen – darüber, wie sie sind, wie die andern sind, wie die Welt ist, wie ihr Leben ist und sein wird – machen immer wieder Erfahrungen, die ihnen das bestätigen, was sie von vornherein schon gewußt haben.

Zum Beispiel: Jemand, der für sich entschieden und die Schlußfolgerung gezogen hat, daß er immer wieder verlassen werden wird[*], der wird sein Leben hindurch seinen Beitrag dazu leisten, auch wirklich verlassen zu werden.

Und jemand, der für sich „Vorsicht!" als das Lebensthema an sich herausgefunden hat, legt sein Leben mit großer Wahrscheinlichkeit so an, daß er immer wieder erleben muß, wie sinnvoll diese starke Einschränkung für ihn doch ist.

---

[*] Das Wort „entscheiden" soll in diesem Zusammenhang nicht mißverstanden werden: es handelt sich dabei nicht um voll bewußte Prozesse im Sinne erwachsener Entscheidungen, sondern um primär gefühlsbetonte Vorgänge. Mehr dazu im Anhang.

Das heißt: Unser (über)vorsichtiger Mann wird im wesentlichen zwei Arten von Erfahrungen sammeln: er wird sehr, sehr vorsichtig zu Werk gehen (beispielsweise im Anknüpfen von Beziehungen), wahrscheinlich so vorsichtig, daß nichts daraus wird. Der Schluß, den er daraus ziehen wird, wird sein: Aha! Wieder nicht vorsichtig genug gewesen!

Oder er wird manchmal ein Stück seiner Vorsicht über Bord werfen und dabei so vorgehen, daß er erst recht wieder in seine Schranken gewiesen wird (oder zumindest alles, was dann passiert, so begreifen). Dann wird er dasitzen und denken: Hätte ich mich doch nur auf meine Vorsicht verlassen – dann wäre das alles nicht passiert! Das nächste Mal mach' ich's bestimmt besser!

Im Laufe der Zeit wird er sich so ein ziemlich ereignisloses, ziemlich erfolgloses und ziemlich langweiliges Leben zurechtbasteln. Manchmal wird er vielleicht an irgendeinem Punkt fühlen, wie einsam er damit ist (denn mit Vorsicht allein lassen sich keine intensiven menschlichen Beziehungen gestalten). Um das zu bekämpfen, wird er irgendeine Form von Abwehr einsetzen. Eine der gängigsten, die mit „typisch männlicher" Rolle verbunden ist, ist Arbeit; und das ist es auch, was unser übervorsichtiger Mann tun wird: emsig und fraglos seinem Beruf nachgehen (schon, weil er für Formen der Abwehr wie Sucht viel zu vorsichtig ist). So kann er es schaffen, viele Jahre lang die Leere in sich und um sich herum nicht zu spüren.

Natürlich ist auch das Muster „Vorsicht!" nicht spezifisch männlich (im Gegenteil, es findet sich sehr gängig unter den „typisch weiblichen" Rollen); spezifisch häufiger unter Männern ist es in dieser Ausprägung und mit dieser Art von Kompensation durch Arbeit und Beruf. Das liegt zum Teil daran, daß es (noch) verhältnismäßig wenig berufstätige Frauen in diesem Alter, d. h. um die und nach der Pensionierung, gibt. Denn da wird der negative Aspekt des Skripts erst deutlich: wenn der (über)vorsichtige Mann in den Ruhestand tritt – verliert er seine bevorzugte Abwehr: es kommt zum „Pensionsschock".

Das – mehr oder weniger bewußte – Resümee, das er zieht, lautet: mein Leben war ohne tiefen Sinn und Inhalt, weder im zwischenmenschlichen noch im beruflichen Bereich habe ich Erfolg gehabt. Manchmal wird sein Körper diese Bilanz für ihn ziehen, und er wird kleinere und oft größere Beschwerden entwickeln.

So unangenehm das auch für ihn sein mag, so stellt es doch eine gewisse Chance dar: wenn es als Alarmsignal wahrgenommen wird, daß es (höchste) Zeit ist, etwas zu verändern. Allerdings ist die Gefahr groß, daß diese Signale (und auch andere, wie etwa Rückzug und Vereinsamung) vom betroffenen Menschen und seiner Umwelt nicht beachtet oder mißdeutet werden (z. B. einfach als Folge des Alterungsprozesses, mit der es sich abzufinden gilt).

An diesem Punkt suchen manche dieser Männer Hilfe: in Seniorenvereinen, bei Betreuungsstellen, bei Ärzten – oder beim Psychotherapeuten.

Vom Standpunkt des Therapeuten aus ist es einerseits leicht und andererseits schwer, für solche Menschen den Punkt der Neuentscheidung, des Ausstiegs aus dem Skript, zu erreichen: leicht, weil die Abwehr deutlich verringert ist, d. h. sie sind durch die spezielle Situation in ihrem Leben oft durchlässiger und zugänglicher. Schwer, weil das Skript und die zugrundeliegenden Überzeugungen, Gefühle und Mechanismen nach mehr als 60 Jahren sehr massiv und verfestigt sein können. Und auch, weil Alternativen zum bisherigen Lebensmuster im letzten Lebensdrittel schon eingeschränkter gangbar sind (z. B. einen neuen Beruf oder einen neuen Partner zu finden).

Dennoch ist es auch für Menschen mit solchen Lebensplänen möglich, neue Entscheidungen zu treffen und alte Fixierungen aufzulösen. Das heißt in erster Linie, ihre (Über-)Vorsicht aufzugeben und mit Menschen in Kontakt zu kommen. Gerade bei solchen Persönlichkeitsstrukturen ist aber dazu ein längerer begleitender Prozeß notwendig, in dem neue Erfahrungen gesammelt werden können. Das heißt, daß es sinnvoll ist, wenn ein großer Teil der Therapie in Gruppen vor sich geht. Dort kann der betreffende Mann lernen, allmählich Stück für Stück seine Vorsicht zu überwinden – und im Austausch dafür positive neue Erlebnisse, wie Kontakt, Nähe, vielleicht auch Freund-

schaft, machen. Dort kann auch analysiert und „aufgefangen" werden, wie er dazu neigt, sich seine alten Erfahrungen wieder zu bestätigen: indem er so an Kontakte herangeht, daß er Zurückweisungen erleben muß, oder indem er Reaktionen anderer als Zurückweisungen erlebt, auch wenn sie es nicht sind.
Ein wichtiger Teil der Arbeit mit Menschen in dieser Situation ist aber auch das Trauern um die verlorenen Jahre und die verlorenen Chancen, um die Dinge, für die es tatsächlich zu spät ist. Nicht alles ist in Therapie änderbar; Trauern ist entscheidend dafür, sich mit dem abzufinden und auszusöhnen, was nicht mehr zu ändern ist.

Wilfried, 62:
„Das kann doch nicht alles gewesen sein!"

Wilfried war in einer Buchhandlung angestellt; vor zwei Jahren wurde er pensioniert. Seit dieser Zeit leidet er zunehmend an Schlafstörungen und Kopfschmerzen. Sein Hausarzt kann keine organischen Ursachen dafür finden und rät ihm, als Wilfried erzählt, er habe wenig Kontakt zu anderen Menschen, zu einer Gruppenpsychotherapie.
Wilfried kann sich zwar – sagt er im Erstgespräch – nicht vorstellen, daß psychische Probleme die Ursachen seiner Beschwerden seien, ist aber grundsätzlich bereit, allen Ratschlägen seines Arztes zu folgen. Unser erster Vertrag ist daher, daß Wilfried vorerst drei Monate lang in eine laufende Therapiegruppe kommt, um dort neue Erfahrungen zu sammeln.
In der Gruppe taut er verhältnismäßig rasch auf; er erzählt viel von sich, ohne allerdings eine gewisse Reserviertheit den anderen 5 Teilnehmern gegenüber aufzugeben.
In diesen ersten 3 Monaten zeichnet er folgendes Bild von sich und seinem Leben, dessen Hauptcharakteristikum die Ereignislosigkeit ist. Nur für zwei Jahre vom Krieg unterbrochen, verbrachte er über 40 Jahre in der gleichen Buchhandlung. Mit 31 hat er die Tochter eines Nachbarn geheiratet („das hat sich so ergeben, weil man sich ja schon jahrelang kannte"). Zwei Mäd-

chen werden geboren, die Familie zieht in ein mühsam erspartes Reihenhaus in einer Stadtrandsiedlung. Vor etlichen Jahren sind die Töchter ausgezogen, er hat nur mehr wenig Kontakt zu ihnen. Seit seiner Pensionierung hat er Schwierigkeiten, „die Zeit totzuschlagen". Wilfried beschreibt das so:

Meine Frau, die hat ihre Freundinnen, ihr Kreuzworträtsel, ihre Handarbeiten. Aber ich hab', wie man so sagt, für den Beruf gelebt, da ergeben sich kaum Freundschaften. Nachbarn gibt es natürlich schon, da grüßt man sich schon manchmal und redet übers Wetter – aber ich weiß nicht. Ich bin eigentlich nie hingegangen, wenn einer mich eingeladen hätte, oder ein Gartenfest, man weiß ja nie so genau, was in einem Menschen drinnensteckt. Ins Wirtshaus geh' ich auch nicht, man sieht halt fern oder tut hin und wieder was in Haus und Garten.

Wilfried erlebt andere Gruppenmitglieder in ihrem Veränderungsprozeß – Menschen, die aktiv in ihr Leben eingreifen, von ihren Erlebnissen berichten, einander nahekommen. Das bedeutet für ihn eine immer stärkere Konfrontation mit der Langweiligkeit seines eigenen Lebens. Allmählich erzählt er nicht nur, sondern beginnt, seinem wachsenden Unbehagen Ausdruck zu verleihen. In seiner 8. Gruppensitzung sagt er:

Wilfried: Also, über die S. (andere Gruppenteilnehmerin, die in der letzten Sitzung eine intensive Neuentscheidung durchgearbeitet hat) hab' ich schon nachgedacht – einfach so sagen, ich will mein eigenes Leben führen . . .

Therapeut: Und bist du auf etwas gekommen beim Nachdenken?

W: Naja . . . eigenes Leben, wenn mich das wer vor einem halben Jahr gefragt hätte, hätt' ich gesagt, ja, was sonst. Ich hätt' mit der Frage gar nichts anfangen können. Und jetzt – was ist das, hab' ich mir im Grund genommen gedacht. Und – wie . . . (Pause)

Th: Wenn du an dein Leben bisher denkst – hast du dein eigenes Leben gelebt?

W: Das ist es ja, was mir nicht aus dem Kopf will . . . manchmal denkt man, ja, so ist das Leben halt . . . und jetzt, vielleicht geht's auch anders ... es war immer so klar, so macht man's, da hat's nichts anderes gegeben, da hat niemand gefragt ...

Wilfried beschließt dann, weiterhin in der Gruppe zu bleiben. Sein Vertrag ist: herausfinden, ob er mit seinem Leben zufrieden ist – oder ob er etwas ändern will.

Mehr und mehr rückt seine Vorsicht als bestimmende Lebenshaltung in den Vordergrund. Die Maxime seines Handelns ist: Lieber dreimal hinschauen und auch dann kein Risiko eingehen – nur ja nichts falsch machen.

In seiner 15. Gruppensitzung, nach 5 Monaten, zieht Wilfried plötzlich Papier und Kugelschreiber heraus und beginnt eifrig zu schreiben. Irritiert fragen Gruppenmitglieder nach, was er da tue:

W: Ich hab' beschlossen, das hier ist so wichtig, da werden so wichtige Dinge gesagt, daß ich mir Notizen mache. So kann ich's am besten verwerten, und es geht einem nichts verloren.

Nach einer halben Stunde unterbricht E., eine Teilnehmerin, ihre Therapiearbeit:

E: Wilfried, ich will, daß du damit aufhörst. Das stört mich, und ich will nicht, daß du dir über mich Notizen machst.

W: Aber es geht doch nur darum, daß ich lernen kann!

E: Ich will's nicht. Ich arbeite nicht weiter, wenn du nicht aufhörst.

Wilfried legt seinen Block zur Seite und schweigt. Er wird blaß, zieht die Beine an den Körper und starrt vor sich hin. Nach Abschluß der Arbeit mit E. spreche ich ihn an:

Th: Wilfried, was ist mit dir?

W: Ich – ich ..., ach, ich gl ... weißt du, nein, man kann ... jetzt ... oder, ich hab' mir gedacht, vielleicht ist hier doch nicht der richtige Platz?

Th: Nicht der richtige Platz?

W: Nein. Zu vielen Leuten ist es nicht recht, wenn ich hier bin.

Th: Ah! Das denkst du?

W: Das ist so. Es wär' mir sehr wichtig gewesen – aber wenn's nicht gewünscht wird, schreib' ich natürlich nichts mehr mit. Bloß, ich weiß nicht, ob ich dann noch was profitieren kann.

Th: Hm. Ich mach' dir einen Vorschlag.
W: Ja?
Th: Laß uns gemeinsam das Vorgefallene, und das, was in dir vorgegangen ist, durchbesprechen und analysieren.
W: Ich weiß nicht, ob genug Zeit da ist.
Th: Für Störungen muß Zeit sein. (Eine der wichtigsten Gruppenregeln: Störungen haben Vorrang.)
W: Na gut, wenn du willst.
Th: Willst du?
W: Ja, ich glaub', ja. Ja, ich will.

Ausgehend von Wilfrieds Phantasie („Zu vielen Leuten ist es nicht recht, wenn ich hier bin") besprechen wir den Vorfall und seine innere Art, damit umzugehen. E.s Äußerung hat er als Zurückweisung erlebt, sich verletzt gefühlt und zurückgezogen. Deutlich für ihn steht jetzt im Vordergrund die Angst, das könnte sich wiederholen.

Th: Gut. Laß uns noch einmal an den Punkt zurückgehen, wo du beschlossen hast, dir Notizen zu machen. Was war dein Grund dafür?
W: Ja, um besser – um besser profitieren zu können. Um genau mitzukriegen, war ihr alle sagt, du und die andern.
Th: Um was damit zu erreichen?
W: Daß ich auch so werden kann. So verändert.
Th: So verändert wie wer?
W: So wie die S., zum Beispiel.
Th: Und wenn du so wärst – was wäre dann?
W: Dann – was wäre dann? (Pause.) Dann würd' ich eine Rolle spielen hier.
Th: Heißt das, du denkst, du spielst keine?
W: Nein. Ja. Ich meine, ich fall' ja kaum auf hier, ich glaub' nicht, daß ich wem abgehen würd', wenn ich nicht mehr in der Gruppe wär'.
Th: Wenn du so über dich denkst – du fällst nicht auf und spielst keine Rolle –, was denkst du dann über die andern in der Gruppe?
W: Ja, die spielen eine Rolle!

Th: Bei denen würde es auffallen, wenn sie nicht mehr da wären?

W: Ja, glaub' ich schon.

Th: Aha. Was ist denn das so für ein Leben, wenn die andern eine Rolle spielen und du nicht?

W: Ach – man ist da schon so gewöhnt dran ...

Th: Gewöhnt – vielleicht. Aber wie ist denn das als Ganzes im Leben?

W: Es ist schon etwas mühselig und beschwerlich, aber man darf sich nicht beklagen, man muß sich halt bemühen.

Th: Und wie fühlt sich das an, Wilfried?

W: Vielleicht unsicher, fällt mir ein, Unsicherheit. Verunsichert, wie denn das gehen kann, und wie das wird. Und ob's nicht ohnehin nichts bringt.

Th: Ich faß' mal zusammen, was ich gehört habe: wenn du beschließt, mitzuschreiben, dann denkst du über dich: ich spiel' keine Rolle; über die anderen: die spielen alle eine Rolle; und übers Leben: es ist mühselig und bringt nichts. Stimmt das?

W: Mhm, mhm. Ja. Ja, das kommt hin. Ja, so ist mir oft zumut ... sehr oft ... (Pause)

Th: Und das Gefühl dazu ist Unsicherheit?

W: Ja, Unsicherheit.

Th: Und dein Wunsch ist, beachtet zu werden, eine Rolle zu spielen?

W: Ja, schon. Aber da muß man vorsichtig drangehen. Daß man nichts falsch macht! Nichts darf man übersehen.

Th: Aha: Jetzt kommen wir einen Schritt näher zum Punkt. Von der Ausgangsposition zu dem, was und wie du es dann tust.

W: Ganz genau aufpassen und mitschreiben.

Th: Präzis! Und wenn du das tust, was kannst du da in deinem Körper spüren?

W: Anstrengend ...

Th: Und wie fühlt sich die Anstrengung im Körper an?

W: Im Nacken ... der Kopf tut weh ... unruhig, Herzklopfen.

Th: Und du hast die Phantasien „ich muß gut achtgeben und darf nichts übersehen" und „denen ist's nicht recht, wenn ich hier bin".

W: Ich weiß nicht, ob das Phantasien sind.
Th: Ist es Realität?
W: Daß ich vorsichtig sein muß? Ja, das war ich schon immer.

Offensichtlich fällt es Wilfried noch schwer, Realität und Phantasie auseinanderzuhalten. Um nicht vom Gesamtzusammenhang abzukommen, verzichte ich vorerst darauf, diesen Punkt zu klären.

Th: Gehen wir weiter. Was kommt dann heraus als Endergebnis?
W: Nichts.
Th: Was meinst du mit nichts?
W: Na, es nützt alles nichts.
Th: Wie das?
W: Die E. hat gesagt, ich soll aufhören mit Schreiben.
Th: Es bringt nichts – das hab' ich vor fünf Minuten schon von dir gehört.
W: Stimmt ... ja, wie am Anfang: Ich hab' Angst gehabt, daß es nichts bringt – und es hat nichts gebracht.
Th: Genau: wie am Anfang. Wenn E. sagt: „Ich will nicht, daß du mitschreibst", wie erlebst du das?
W: Sie will mich nicht haben in der Gruppe!
Th: Ah! Als Zurückweisung. Und du ziehst dich zurück –
W: Zurück.
Th: – indem du schweigst und dann sagst, es ist kein Platz für mich in der Gruppe.
W: Ja.
Th: Was denkst du da über dich?
W: Kein Platz.
Th: Du spielst keine Rolle?
W: Ja.
Th: Fällt dir was auf?
W: Ja – daß alles stimmt.
Th: Daß alles stimmt – für mich schaut's eher so aus, daß du dir bewiesen hast, daß es stimmt, was du über dich, über die andern und über die Welt denkst. Und daß du dir bestätigt hast, daß deine Unsicherheit und Vorsicht notwendig sind.

Offensichtlich braucht Wilfried an dieser Stelle Zeit, um über den soeben analysierten Mechanismus nachzudenken. Ich schlage ihm vor, in der nächsten Gruppensitzung auf das Thema zurückzukommen.

Eine Woche später ist Wilfried sehr entschlossen, schnell dranzukommen; allem Anschein nach hat er bereits ein Stück von seiner Vorsicht über Bord geworfen:

W: Ich muß ja sagen, daß ich sehr betroffen war von dem, was wir letztes Mal gearbeitet haben.

Th: Mhm.

W: Ja, mir ist das ziemlich unter die Haut gegangen, dieses Keine-Rolle-Spielen, und ob ich das nicht so einfädle, daß das dann rauskommt dabei.

Wilfried spricht noch eine Weile über die Erfahrung vom letzten Mal weiter. Er zeigt dabei deutlich, daß er verstanden hat, worum es in dem analysierten Kreislauf geht: Er holt sich die immer wieder gleiche Bestätigung für seine Überzeugungen („ich spiele keine Rolle", „es bringt alles nichts", „ich muß sehr vorsichtig sein") und Grundgefühle (Angst und Unsicherheit, zum Schluß dann Verletztheit). Mit dieser immer wieder erlebten Bestätigung gestaltet er sein Leben ereignislos und langweilig: Je vorsichtiger er im Umgang mit anderen Menschen ist, desto weniger Kontakt hat er.

Th: Ich möchte dich was fragen, Wilfried: Kannst du dich an Situationen in deinem Leben erinnern, wo du dich ähnlich gefühlt hast – zurückgewiesen, gekränkt, bestärkt in den Auffassungen, daß alle Anstrengung letztlich nichts bringt und daß du keine Rolle spielst im Leben?

W (Pause): Ja ... als erstes fällt mir ein, wie die jüngere Tochter ausgezogen ist – obwohl wir doch extra für sie den Dachboden ausgebaut haben ... sie braucht ihr eigenes Leben ...

Th: Was fühlst du, Wilfried?

W: Sie – sie fehlt mir –, sie fehlt mir sehr ... weißt du, sie war so was wie das Nesthäkchen, wie man so sagt ...

Th: Wie fühlst du darüber, daß sie weg ist?

W: Traurig ... (seine Stimme klingt erstickt)

Das ist ein Anzeichen dafür, daß Wilfried beginnt, aus dem sich selbst verstärkenden System auszusteigen: Statt sich bei Schmerz schweigend zurückzuziehen und Angst und Unsicherheit zu nähren, läßt er das Gefühl zu, das er darüber fühlt, daß er trotz aller Umsicht wieder einem Menschen – seiner Tochter – nicht nahegekommen ist: Traurigkeit.

In einem sehr langen Stück Einzelarbeit gehen wir Schritt für Schritt in seiner Geschichte zurück. Immer mehr Situationen fallen Wilfried ein, in denen er sein Lebensmuster ausgespielt und verstärkt hat: als er auf einen Stellenwechsel verzichtete, in der (vergeblichen) Hoffnung, in seinem Geschäft aufzusteigen. Als er (aus beruflichen Rücksichten) zu lange zögerte, zu seiner sterbenden Mutter zu fahren – und erst zum Begräbnis zurechtkam. Und früher in seinem Leben: als er mit der Frau, in die er verliebt war, nicht in näheren Kontakt kam – weil er es ihr nicht sagte. Unzählige Male das gleiche Muster: Mit großer Vorsicht versucht er, seinen Wunsch nach Nähe, Kontakt, nach Wichtigsein zu erfüllen – so vorsichtig, daß immer das Gegenteil dabei herauskommt: er erlebt sich zurückgewiesen, ungeliebt und zieht sich zurück – und Angst und Unsicherheit werden jedesmal ein bißchen größer.

Schließlich erzählt er ein sehr frühes Erlebnis aus dem Alter von etwa fünf:

W: Das war mit dem Vater, damals. Er ist von der Arbeit immer so spät heimgekommen, daß wir schon im Bett waren, wir Kinder. Aber ich war meistens noch munter. Und ich hätt' mir so gewünscht, daß er zu mir reinkommt ...

Th: Was hast du dann getan, als Fünfjähriger?

W: Als Fünfjähriger schon nicht mehr – noch früher, da bin ich rausgelaufen. Und er hat mich nur grantig angefahren, daß ich schauen soll, daß ich wieder ins Bett komm'.

Th: Mm! Wie fühlt sich so was an für einen Fünfjährigen?

W: Weh ... tut mir weh ... (leise Stimme)

Th: Was tust du dann, mit fünf?

W: Hab' mich nicht mehr rausgetraut ... Wenn ich ihn kommen gehört hab', hab' ich mich schnell schlafend gestellt. Hab' mir gedacht, vielleicht schaut er dann 'rein zu mir, nur kurz ... einmal hab' ich sogar die Zimmertür einen Spalt offengelassen, damit er auf die Idee kommt ... (W.'s Stimme ist sehr leise)

Th: Und?

W: Nie – nie ... nie auch nur eine einzige Sekunde ... ach, und ich hätt' so gewartet drauf ...

Th: Aber es war umsonst – all die Vorsicht, all das Planen.

W: Umsonst ... hat nix gebracht. Das hat für ihn gar keine Rolle gespielt.

Th: Horch auf deine Worte, Wilfried: Das hat nix gebracht. Das hat für ihn keine Rolle gespielt.

W: Das hat ... ich hab' einfach für ihn keine Rolle gespielt, in seinem Leben, immer nur ... (Pause)

Th: Sprich weiter, Wilfried.

W: Hm, jetzt wird mir einiges klar.

Th: Willst du nochmal in diese Szene mit fünf zurückgehen, Wilfried – und direkt deinen Vater ansprechen?

W (Pause): Nein, im Moment nicht. Zu schwer ...

Th: Gut. Laß uns darüber sprechen, was dir klar geworden ist.

W: Ich – wie soll ich es sagen, immer wieder das gleiche, immer der gleiche Kreis. Immer bringt alles letztlich nichts. Ich seh' – ich seh' so mein ganzes Leben vor mir, und wie ich mich bemüh' und bemüh', o Gott – und immer, immer wieder geht's gleich aus.

Th: Laß deine Unterlippe ruhig zittern, Wilfried. Das ist traurig, auf was du da draufkommst.

W: Es ist – zum, verfl–, Heulen bringt jetzt auch nichts. Aber 60 Jahre – und immer, immer das gleiche. Immer bin ich wieder so allein ...

Th: So wie damals mit fünf im Bett.

W: So wie damals im Bett. Und dieses endlose Warten, Warten, heut mach' ich sicher nichts falsch, heut kommt er ... 60 Jahre! Das kann doch nicht alles gewesen sein – warten und warten und leiden und allein sein!!

Th: Willst du's ändern, Wilfried?

W: Ändern, ja! Aber wie?! Wie denn, wenn ich mich eh schon so bemüht hab'!

Th: Laß uns im Moment noch nicht über das „Wie" reden. Wichtig ist, daß du's ändern willst.
W: Ja!!
Th: Gibt's jemand in der Gruppe, dem du direkt sagen willst, was du ändern willst – zur Bekräftigung?
W: Ja ... (Pause.) Ja, die S. (sieht S. an) S., weißt du, das reicht mir jetzt, mein ganzes Leben zu verwarten, daß endlich jemand zu mir kommt und ich eine Rolle spielen darf. Ich möcht' mehr von meinem Leben, ich will rausfinden, was da noch drin ist!
S: Das glaub' ich dir, Wilfried. Und ich find's gut, wenn du was anders machen willst.
W: Ja – ich weiß noch nicht recht, wie, aber so will ich nicht mehr weiterleben!

Wilfried wiederholt diese wichtige Entscheidung – die Entscheidung, sein Lebensmuster zu verändern, daraus auszusteigen – noch zweimal, indem er sie anderen Gruppenmitgliedern mitteilt. Dann beenden wir die Arbeit für diese Sitzung.

Seither ist ein knappes Jahr vergangen. Wilfried ist weiterhin in der Therapiegruppe. Er hat einige für ihn wichtige Themen durchgearbeitet, einige hat er noch vor sich. In seinem täglichen Leben hat er deutliche Schritte aus seinem Lebensmuster heraus gesetzt: Er hat wieder Kontakt mit seinen Töchtern aufgenommen und einige Nachbarn näher kennengelernt. Kürzlich hat er die anderen Mitglieder der Therapiegruppe zu seinem Geburtstagsfest zu sich nach Hause eingeladen. Wilfried ist auf dem Weg, sein letztes Lebensdrittel entscheidend anders zu gestalten als die Jahrzehnte davor.

PHASE 3: NEUENTSCHEIDUNGEN

4. Der Mann zwischen den zwei Frauen

Wahrscheinlich so alt wie die Geschichte der Monogamie ist die Geschichte des Ehemannes, der fremdgeht. Eher in Roman- und Filmfiktion ist dabei die Gestalt anzusiedeln, die treulos ihre Familie bei Nacht und Nebel verläßt, um irgendwo in der Südsee ein neues Leben mit einer atemberaubenden Geliebten zu beginnen.

Der Traum, alle Belastungen, alle Verantwortung, alle Ehekrachs, alle schlechten Gefühle hinter sich zu lassen, mag schon eine Rolle spielen beim Eingehen einer außerehelichen Beziehung. Die Realität – jenseits von Freiheit und Abenteuer – sieht meistens ungefähr so aus: Es beginnt mit Heimlichtuereien, schlechtem Gewissen, der Vorstellung, „nicht anders zu können", Herzklopfen, viel Realitätsverdrängung.

Dann kommen die Versuche, beide Beziehungen unter einen Hut zu bringen („Warum soll ich nicht zwei Menschen gleichzeitig lieben können?"). Spätestens an diesem Punkt läßt sich die Wahrheit meist nicht mehr verheimlichen – weder vor der Ehefrau noch vor der Freundin.

Dann intensiviert sich das Hin und Her, innerlich wie äußerlich. Es gibt Treueschwüre, Trennungen, Wiederversöhnungen, Lügen, Halbwahrheiten, Bekenntnisse, Schwanken, Ratlosigkeit – all das begleitet von der Annahme, das jeweilige Verhalten, Denken und Fühlen sei die einzige Möglichkeit, mit der Situation zu Rande zu kommen. Und immer mit der Idee im Kopf, jetzt endgültig (nach Wahl) die Ehe/die außereheliche Beziehung zu retten/zu lösen.

Die Frage, die solche Männer immer wieder hören, ist: Was willst du denn eigentlich? – Und das Problem dabei ist nicht so sehr, daß sie es nicht wissen – sondern daß die Frage an ihrer inneren Wirklichkeit vorbeigeht. Denn das Motiv des „Mannes zwischen den zwei Frauen" ist nicht schrankenlose Vergnügungssucht, Skrupellosigkeit oder der Wunsch, eine „alte"

Frau gegen eine „neue" einzutauschen.* Die Innenwelt dieses Mannes – oft weit unter den Grenzen seines Bewußtseins – ist durch Angst charakterisiert: zuerst die Angst, von niemandem geliebt und immer wieder verlassen zu werden. Aus dieser Angst entspringt der Wunsch, all die Liebe zu kriegen, die es nur geben kann – egal, um welchen Preis. Und dann schließlich wieder die Angst, etwas – und möglicherweise alles – von dieser Liebe wieder zu verlieren und wieder allein und verlassen zu sein.

Das ist der Grund für die Entscheidungsunfähigkeit solcher Männer: Angst ist eine schlechte Basis für erwachsene Entscheidungen (die oft auch negative Konsequenzen beinhalten).

Das klingt kompliziert, ist aber ganz einfach und alltäglich: die Lebensgeschichte des „Mannes zwischen den zwei Frauen" ist an ihren Anfängen fast immer eine Geschichte des Verlassenwerdens und Alleinbleiben-Müssens. Die Details sind unterschiedlich – gemeinsam ist die ständige Angst, die natürlichen Bedürfnisse eines Kindes nach Liebe nicht erfüllt zu bekommen; die Angst, das, was es an Liebe gibt, verlieren zu müssen. Die Entscheidungen für das Skript, den Lebensplan solcher Jungen gehen in folgende Richtung:

– *meine Bedürfnisse sind (= ich bin) nicht wichtig;*
– *letztlich werde ich allein bleiben müssen;*
– *niemand liebt mich so, wie ich bin.*

Solche Schlußfolgerungen sind für ein Kind nahezu unerträglich und mit sehr viel Schmerz und Angst verbunden. Um diesen Gefühlen aus dem Weg zu gehen, um sie abzuwehren, beginnt der Mensch einen verzweifelten, oft lebenslangen Kampf in die Gegenrichtung: Er versucht, soviel Liebe wie möglich zu „ergattern": durch Anpassung, durch Erpressung, durch Manipulation, durch Anklammern, manchmal auch durch Gewalt

---

* Es geht mir hier nicht darum, Verständnis im entschuldigenden Sinn für Männer mit Außenbeziehungen zu erwecken („Der Arme, er kann nichts dafür!") oder das Leid der beteiligten Frauen zu bagatellisieren. Es geht mir um die tiefere Ebene des Konflikts und damit um eine mögliche Lösung, die mit Schuldzuweisungen nicht gefunden werden kann.

(vieles davon außerhalb des Bewußtseins). Dabei kann sich vordergründig durchaus Erfolg einstellen, und es geht eine Zeitlang ganz gut mit wechselnden Beziehungen, oft auch längere Zeit in einer gleichbleibenden Partnerschaft.

Dann aber kommt der Moment, wo unser Mann (physisch zwar herangewachsen, aber in seiner Angst ein kleiner Junge) wieder befürchten muß, verlassen zu werden: ein Baby wird geboren, die Frau geht zurück in ihren Beruf oder steigt beruflich und/oder sozial auf, sie wird körperlich oder/und seelisch krank, sie macht selbst Therapie und gewinnt an Unabhängigkeit und Selbständigkeit – die Varianten sind zahlreich.

Damit aber tritt genau das ein, was dieser Mann vermeiden wollte – er beginnt zu fürchten, seine Bedürfnisse könnten nicht befriedigt werden, er müsse allein übrigbleiben und er werde nicht geliebt. Seine frühen Skriptentscheidungen scheinen sich zu bewahrheiten, und all die schlimmen Gefühle von Angst, Schmerz, Verzweiflung, Verlassenheit tauchen wieder auf. Was liegt da näher, als die alten Strategien, mehr Liebe zu bekommen, wieder einzusetzen? Alles wird durchprobiert – Anklammern, Anpassung, Trotz (Manipulation) ... und alles nützt nichts (zumindest in der Wahrnehmung des Mannes). Also muß er woanders Liebe zu „ergattern" versuchen – er geht eine außereheliche Beziehung ein. Aber je weiter er sich in die Problematik „zwischen den zwei Frauen" verstrickt, umso mehr tritt ein, was er seit je befürchtet: immer mehr fühlt er sich ungeliebt und verlassen (denn seine zwei Frauen setzen ihm zu, eine Entscheidung zu treffen, und sind dabei oft nicht gerade freundlich zu ihm). Damit ist er endgültig im Dilemma: Macht er weiter mit seiner Doppelbeziehung, dann verliert er wahrscheinlich auf die Dauer mindestens eine, wenn nicht beide. Bricht er mit einer von ihnen – muß er sich erst recht wieder verlassen und ungeliebt fühlen.

So erklärt sich die Symptomatik, die bei solchen Männern – zumindest wenn sie zur Therapie kommen – im Vordergrund steht: sie leiden, aber sie sind entscheidungsunfähig. Therapeutisch gesehen ist der Weg zur Lösung des Problems nicht in einer vordergründigen „Entscheidung" zwischen den beiden

Frauen zu finden – so wünschenswert so eine Entscheidung auch ist.
Erst wenn es gelingt, den Mann mit seiner Angst vorm Verlassenwerden in Berührung zu bringen – erst wenn er erlebt, daß er diese Gefühle aushalten kann und nicht immer vermeiden muß, dann kann er aus seinem Skript aussteigen. Dann kann er herausfinden, daß er nicht immer und überall Liebe (und oft Sex) suchen muß, um die Angst, den Schmerz und die Verlassenheit von sich fernzuhalten – um dadurch erst recht wieder allein zu bleiben. Erst dann wird er wirklich beziehungsfähig – und dann kann er erwachsene Entscheidungen treffen und sich auch dem Schmerz stellen, den diese Entscheidungen bedeuten.

Gerald, 31: „Ich brauch' sie doch beide!"

Gerald ist der Freund eines befreundeten Kollegen; bei seinem Anruf mit der Bitte um einen Termin sagt er, er wolle über seine Eheprobleme reden.
Nun sitzt er mir gegenüber beim Erstgespräch: ein großer, schlanker, gutaussehender Mann. Von Beruf ist er eine Art „gehobener Handelsvertreter", der es gewohnt ist, weitgehend selbständig zu arbeiten. Dabei kommt ihm vermutlich sein auffallender Charme zugute. Gerald lächelt fast ununterbrochen ein breites, gewinnendes Lächeln.
Auch mir gegenüber setzt er diesen Charme von Beginn an ein; schon nach wenigen Sätzen bietet er mir das „Du" an – „weil ich schon so viel Gutes über dich gehört habe, daß du mir schon richtig vertraut bist".
Bald zeigt er aber auch, wie er dieses Lächeln als Schutz gebrauchen kann. Folgender Dialog entspinnt sich:
Gerald: Na ja, ich hab' halt einfach Schwierigkeiten mit meiner Frau, oder wir haben Schwierigkeiten miteinander . . .
Therapeut: Du lächelst, wenn du sagst, du hast Schwierigkeiten. Merkst du's?
(Pause.) Einen Moment verschwindet das Lächeln, dann ist es wieder da.

G: Na ja, halt gute Miene zum bösen Spiel machen, was? Das gehört irgendwie zu mir – immer der coole Bursch bleiben, dem nichts was anhaben kann ...

In solchen Situationen stelle ich manchmal die Frage: „Und was wäre, wenn du nicht drüber lächeln würdest?" Am Beginn der ersten Stunde denke ich aber, daß es dafür zu früh ist – es ist wichtig, den Schutz, den Menschen für sich aufbauen, nicht allzu rasch zu hinterfragen. Im Moment braucht Gerald – subjektiv – diesen Vorhang, hinter dem er seine Gefühle verstecken kann.

Was dahinter ist, läßt sich bald vermuten: Wahrscheinlich ein ganzer Berg an Verzweiflung, Traurigkeit, Hilflosigkeit – über eine seit Jahren scheinbar aussichtslos festgefahrene Situation.

Gerald und seine Frau, Marion, haben sehr früh geheiratet – er war 20, sie 19, das erste von insgesamt drei Kindern war unterwegs. Als dieses, ein Bub, ein Jahr alt war, schloß Marion ihre Ausbildung als Krankenschwester ab und arbeitete etliche Jahre in ihrem Beruf; das Kind war in der Zeit vorwiegend bei Geralds Eltern. In diesen Jahren war die Ehe einigermaßen harmonisch, mit Höhen und Tiefen und normalen Alltagskrisen. Dann kamen Zwillinge, zwei Mädchen, und Marion gab ihren Beruf auf. Das war vor sechs Jahren. Von der Geburt weg wurde Marion von den Kindern regelrecht „aufgefressen", wie Gerald es nennt. Die Zwillinge allein waren schon sehr anstrengend, dazu kam noch, daß dem Älteren die Umstellung von den Großeltern auf die Mutter sehr schwerfiel. Gerald versuchte, das Gefühl der Verlassenheit mit viel Arbeit zu kompensieren – „wenigstens ein Platz, wo ich anerkannt werde". Das fiel ihm nicht schwer, da die Firma seines Arbeitgebers gerade im Aufbau begriffen war. Daraufhin war wiederum Marion verletzt über seine häufige Abwesenheit und zog sich ein Stück weiter von ihm zurück – worauf er wieder mit noch mehr Arbeit antwortete. Entsprechend schaukelte sich die Frustration beider Partner über einander und über das Eheleben weiter und weiter hoch.

An dieser Stelle, als Gerald über meine Fragen den ganzen Mechanismus vor sich sieht, läßt er erstmals hinter seine Fassade aus intellektuellem Verstehen und „guter Miene zum bösen Spiel machen" blicken:

G: Du weißt ja, wie das ist, wenn man heimkommt, müde, man möchte dann auch einmal ein gutes Wort, ein bißchen aufgebaut werden. Und mir kommt vor, Marion hat das nie richtig verstanden ...

Th: Wie ist das, sich so unverstanden vorzukommen?

G: Mein Gott, weißt du, schon beim Heimkommen, beim Türaufsperren schon immer das unruhige Gefühl, wie wird sie heute dreinschauen? Und so sicher wie nur etwas dieses mürrische Gesicht, diese Feindseligkeit ... Sie dreht sich weg, wenn ich sie küssen will – da kann man schon irgendwann einmal zu hassen anfangen! Manchmal denk' ich mir, es ist alles ihre Schuld, sie hat's ja gar nicht anders gewollt!

Th: Wie ist das dann weitergegangen mit euren Beziehungsproblemen?

G: Na ja, wie's halt so geht. Ich glaub', es war sicher auch meine Schuld, aber ich hab' der Marion immer gesagt, sie soll was für sich tun, so geht's nicht weiter ... Und dann ist eben die Astrid aufgetaucht. Ich hab' mich schon am Anfang dagegen gewehrt, aber es war halt so schön, wieder von jemandem bewundert zu werden ... die war nicht am Abend mürrisch und abgearbeitet – ich weiß schon, das ist ein ziemlich mieser Standpunkt (wieder Geralds Lächeln) ... Ach, diese ewige Quälerei – was ist richtig, was ist falsch? Was hab' ich für ein schlechtes Gewissen gehabt, wie ich das erste Mal mit der andern im Bett war – aber es war halt ein richtiges Abenteuer.

Hier wird ein Grundmuster in Geralds Leben sichtbar: das „Einerseits-Andererseits", die Unfähigkeit, sich festzulegen. Ausführlich schildert er das jahrelange Hin und Her, die ungezählten „endgültigen" Trennungen und „wirklichen" Neubeginne – mit der Ehefrau wie mit der Freundin.

Th: Liebst du deine Frau?

G (nach langem Schweigen): Ja, manchmal frag' ich mich das auch. Manchmal, wenn sie lieb zu mir ist, denk' ich mir, jetzt ist alles wieder wie früher, aber dann ...

In dem Moment, wo er das sagt, verändert er seinen Ausdruck: die Schultern fallen nach vor, das Lächeln ist weg, seine Augen werden groß und traurig. Gerald hat einen inneren Wechsel vollzogen: für einen Augenblick lang wirkt er wie ein einsamer, kleiner Bub.

Th: Was fühlst du, wenn du das sagst?
G (atmet tief): Ach, was soll's. Man kann nicht sentimental werden. Was hast du gerade gesagt?

Da ist wieder das Lächeln. Gerald ist wieder zurückgewechselt: auch jetzt erinnert er wieder an einen Jungen – aber mehr an einen, der spielt, daß er schon ein großer Mann ist, der alles unter Kontrolle hat und niemandem zeigen darf, wie verzweifelt er eigentlich ist.
Gerald beginnt eine Psychotherapie; er will das Hin und Her beenden und sich definitiv für eine der beiden Frauen entscheiden.
In einem dreiviertel Jahr Therapie erlebe ich ungezählte Auf und Ab sowohl in Geralds Ehe als auch in seiner außerehelichen Beziehung mit; einmal kommt er strahlend und erzählt, wie leicht ihm sei, er habe mit Astrid endgültig Schluß gemacht. Zwei Wochen später ist er wieder gedrückt („wahrscheinlich wirst du jetzt sagen, ich bin inkonsequent und ein Schwein") – er war wieder ein Wochenende mit Astrid in den Bergen.
Allmählich, ganz allmählich beginnt er, seine Gefühle zu zeigen: wie sehr er in den Trennungsphasen seine Kinder vermißt, wie alleine er oft in seiner Arbeit als Vertreter ist, wieviel Zorn er über Marions anhaltenden Groll hat. Ich hüte mich, in dieser Zeit Partei für die eine oder andere Seite beziehungsweise für die eine oder andere Frau zu ergreifen – obwohl es mir manchmal nahelege, Marion, daheim mit den Kindern, in Schutz zu nehmen. Wenn Gerald so etwas nur andeutungsweise wittert, ist er sofort bereit zu allen erdenklichen Selbstbeschuldigungen und Treueschwüren; nach der Stunde ruft er dann Astrid an, um ihr zu erzählen, wie wenig auch ich ihn verstehen könne.
Nach und nach entdeckt er die Bausteine seines Skripts, seines Lebensplans: sich nie festzulegen und zu nehmen, was er an

Liebe und Zuneigung kriegen kann, um nur ja nie allein zu sein – und es gerade dadurch erst zu werden. Denn je mehr er hin- und herpendelt, umso mehr üben die beiden Frauen Druck auf ihn aus, sich zu entscheiden, und drohen ihm jeweils damit, sich sonst von ihm zu trennen. In dieser Zeit steigt Geralds innerer Druck – die auftauchenden Verlassenheitsängste – merklich an: er raucht mehr und mehr, ist innerlich unruhig, kann während der Therapiestunden kaum stillsitzen, schläft schlecht, ißt unregelmäßig, manchmal sehr viel, manchmal tagelang so gut wie gar nichts. Gefühle von Verzweiflung, Traurigkeit und Zorn, oft überdeckt durch Hilflosigkeit, Resignation und Depression, werden in der Therapie von Stunde zu Stunde greifbarer.

Im Sommer nimmt Gerald dann an einer Gruppentherapie-Woche in einem abgelegenen Berggasthof unter meiner Leitung teil. Dort – weg von der Situation daheim – lebt er sichtlich auf. Nach zwei Tagen bereits läßt er sich auf einen Flirt mit einer Teilnehmerin ein und erzählt glückstrahlend, er habe nun möglicherweise die große Liebe gefunden.

Als sich die Woche zu Ende neigt, beginnen Geralds Unruhe und innerer Druck wieder zu steigen. Am Donnerstag abend schließlich – einen Tag vor Abschluß des Seminars – meldet er sich zur Einzelarbeit in der Gruppe.

G: Ich weiß gar nicht, wo ich anfangen soll – jetzt, wo diese Woche bald vorbei ist, kommt mir halt wieder so zu Bewußtsein, was mich daheim erwartet . . .

Th: Und was erwartet dich?

G: Ach Gott, der Druck, wieder dieser Druck . . . das kannst du dir nicht vorstellen, die Marion, das weiß ich schon jetzt, wie die bös schauen wird, und so feindselig, wenn ich heimkomm'. Und ich werd' abhauen, zur Astrid, weil das halt' ich einfach nicht aus, das ist mir zuviel nach so einer wunderschönen Woche. Aber die wird mich auch wieder fragen, ob ich mich jetzt endlich entschieden hab'. Denn mit diesem Vorhaben bin ich ja aufs Seminar hergekommen.

Th: Ja. Und wo stehst du damit jetzt?

G: Mir kommt vor, mir geht's damit schlechter denn je. Jetzt hab' ich auch noch angefangen, mich irgendwie in die G. zu verlieben, ich weiß auch nicht recht. Aber das ist so ein Wahnsinnsgefühl... Ich weiß überhaupt nicht, wie das weitergehen soll. Vielleicht brauch' ich einfach mehr als nur eine Frau...

Th: Was würde passieren, in deiner Phantasie, wenn du hier und jetzt eine Entscheidung triffst – einmal egal, welche. Du würdest dich entscheiden, ja, ich bleib' definitiv bei der Marion, oder auch, ich trenn' mich von ihr und bleib' bei der Astrid. Oder ich trenn' mich von beiden – oder wie immer, jedenfalls, du würdest eine Entscheidung treffen. Was würde passieren?

G: Dann – hach, mir wird ganz schlecht nur beim bloßen Gedanken. Dann verlier' ich eine von ihnen oder womöglich alle zwei ... oder ... nein, das geht einfach nicht ...

Th: Stell' dir's mal intensiv vor, wie's wäre.

G: Huh, scheußlich, ich ... (schluckt)

Th: Was fühlst du, wenn du dir das vorstellst?

G: Ratlos ... hilflos ... ich bin ... (zuckt die Achseln)

Th: Kennst du diese Art, dich zu fühlen, von früher aus deinem Leben?

G: Ja, schon ... diese Hilflosigkeit ... ich kann das doch einfach nicht entscheiden ... ich brauch' sie doch – ja, ich brauch' sie doch beide!

Th: Merkst du, daß du Tränen in den Augen hast?

G: Mir ist auch zum Heulen ... Scheiße ...

Th: Als du ein kleiner Bub warst – hat's da Menschen gegeben, zwischen denen du dich entscheiden mußtest?

G: Hm – ja, eigentlich schon – eigentlich ständig ... Mein Vater, meine Mutter – mein Vater war schon ziemlich alt, wie er meine Mutter geheiratet hat, und ich war unterwegs. Er hat immer gesagt, ich bin und bleibe Junggeselle, ich bin für eine Familie nicht geschaffen.

Th: Und da hat's Krieg zwischen den beiden gegeben?

G: Nein, Krieg kann man nicht sagen – er ist immer abgehauen. Er hat immer gesagt, mit dieser Frau halt' ich's nicht aus, und er hat sich auf sein Motorrad geschwungen, und weg war er, Abend für Abend, Wochenende für Wochenende.

Th: Und dann?

G: Dann hab' ich die Mama trösten müssen.

Th (nickt): Und wenn du gesagt hättest: Papa, nimm mich mit, ich will bei dir sein?

G (mit erstickter Stimme): Das – das wär' nicht gegangen, da wär' ja die Mama ganz allein . . . ich seh' mich noch, mit vielleicht fünf oder sechs, wie ich im Hof unten steh', und er fährt davon – und ich hätt' so gern gehabt, daß er mich einmal, einmal mitnimmt . . .

Th: Magst du in die Szene zurückgehen und sie vor dir sehen und noch einmal der Bub von fünf sein?

G: Mhm . . . da fährt er davon . . . (lange Pause)

Th: Da fährt er davon.

G: Ich will doch mit! Papa!

Th: Sag' ihm das, daß du mitwillst!

G: Papa – nimm mich doch mit! Nimm mich doch mit!!

Th: Was passiert dann?

G: Meine Mutter – die Mama ruft vom Fenster, ja, fahr' doch mit ihm, laßt mich nur beide allein!

Th: Das muß scheußlich sein!

G: Ja! (Beginnt leise zu weinen)

Th: Sag' was zu deiner Mama!

G: Ich will dich doch nicht allein lassen, Mama! Ich will doch bei dir sein! Aber beim Papa halt auch! Ich will euch doch beide! (Weint stärker)

Th: Das ist gut so – laß die Tränen kommen. Und atme. (Pause) Gibt's etwas, das du in dieser Situation beschließt?

G: Wenn ich einen von den beiden haben will, verlier' ich den andern! (Weint heftig.) Dann verlier' ich eigentlich den andern! Immer nur entweder – oder! Das geht ja nicht – das geht ja nicht! Das ist nicht zum Aushalten – ich will die Mama und den Papa!

Th: Und du brauchst sie auch beide! Das ist eine Zwickmühle für ein Kind! (Nimmt 2 Kissen und legt sie vor Gerald hin.) Sieh deine Eltern da sitzen, hier auf den Kissen, einer links, der Vater, und rechts die Mutter. Sieh sie vor dir, so, wie sie ausschauen, wenn du ein Kind von fünf, sechs bist. (Pause.) Willst du ihnen das von vorhin noch einmal direkt sagen?

G (sieht abwechselnd die beiden Kissen an): Ich darf nicht einen von euch liebhaben und einfach bei ihm sein, wenn ich das mag – denn dann mag mich der andre nicht mehr! Du, Mama, wenn ich mit dem Papa fahren will, du sagst, ja, laß mich nur allein, und du, Papa, wenn ich zur Mama auf den Schoß will, sagst du, ja, er ist halt ein Muttersöhnchen.

Th: Und du kriegst nicht, was du als Kind brauchst – die Liebe beider Elternteile!

G: Ja, das krieg' ich nicht, was ich brauch' . . . was ich brauch', das ist euch nicht wichtig – wichtig sind euch nur eure ewigen Streitereien miteinander und das Bös-Sein und Beleidigt-Sein in einer Tour . . . und ich soll da auch noch mitspielen!

Th: Und wie machst du das, da mitspielen?

G: Keinen merken lassen, daß ich den andern auch mag!

Th: Du legst dich nicht fest?

G: Ja – ich leg' mich nicht fest, und nehme das, was grad da ist. So krieg' ich immerhin etwas. Die Mama ist dann lieb zu mir, und du, Papa, sagst dann auch nicht mehr, du und diese Frau, ihr steckt ja unter einer Decke!

Th: Das ist eine kluge Entscheidung für einen kleinen Buben – so kriegst du zwar nicht, was du wirklich brauchst, aber du mußt auch nicht alles verlieren und ganz allein bleiben.

G: Ja, genau (sieht die Kissen an). So mach' ich das mit euch, ich entscheid' mich ganz einfach nicht mehr (lächelt).

Th: Merk' dein Lächeln! Ist dir das vertraut?

G: O ja! Im ersten Moment ist es fast wie – wie ein Sieg, aber dann . . . aber eigentlich (atmet schwer) – eigentlich ist es furchtbar leer . . . (beginnt zu weinen)

Th: Sag das deinen Eltern!

G (zu den Kissen): Es ist so leer, wenn Ihr mich nie wirklich liebhabt – wenn ich immer nur taktieren muß und vorsichtig und geschickt sein und nie so sein darf, wie ich einfach bin . . . (weint)

Th: Sei wieder der erwachsene Gerald und sag ihnen, was für Auswirkungen das heute noch in deinem Leben hat!

G (zu den Kissen): Heute – heut' taktier' ich auch so herum zwischen – zwischen den zwei Frauen! Mein Gott! Ich mach' das heut' genauso in meinem Leben!

Th (nickt): Genauso! Und wie wirkt sich das aus?

G: Genau gleich wie damals! Ich krieg' nicht, was ich wirklich brauch'. Verdammt! Immer mach' ich's gleich!

Th: Willst du's weiter so machen?

G: Nein!

Th: Sag das deinen Eltern!

G (zu den Eltern): Das mach' ich nicht mehr weiter! Da krieg' ich ja bis ans Ende meiner Tage nicht das, was ich brauch'!

Th: Bist du zornig?

G: Ja, verdammt! (Stößt mit dem Fuß nach den Kissen.) Ja! Ich hab' genug davon! Ich mach' das nicht mehr weiter!

Th: Was wirst du anders machen?

G: Ich (stockt) – ich, ach, das ist schwer . . .

Th: Das glaub' ich dir. Willst du dich so wichtig nehmen, eine Entscheidung zu treffen?

G: Ja!! Das will ich!

Th: Dann sag das deinen Eltern!

G (laut): Ja! Ich treff' meine Entscheidung! Ich weiß noch nicht, welche, aber ich find's raus, was das Richtige in meinem Leben ist! Ich hab' genug von dem Taktieren! Ich kann mich entscheiden!

Th: Das kannst du! Wirst du's auch tun?

G: Ja! Ich werd' eine Entscheidung treffen, auch wenn ich dadurch auf etwas in meinem Leben verzichten muß. Aber sonst krieg' ich auf die Dauer ja gar nichts . . .

Th: Das stimmt. Auf die Dauer bist du so sehr einsam.

G: Ja, das ist wahr. Ich hab' lange gar nicht gemerkt, wie einsam.

Als ersten Schritt beschließt Gerald dann, seinen Flirt mit G., der anderen Teilnehmerin, auf dem Seminar zu beenden und danach nicht fortzusetzen.

In den nächsten zwei Monaten trennt er sich in einem sehr schmerzvollen Prozeß von Astrid, seiner Freundin. Dann unterbricht er die Therapie bei mir für ein halbes Jahr, um mit seiner Frau zu einem Paartherapeuten zu gehen. Zur Zeit ist noch unentschieden, ob sie ihre Beziehung neu beginnen werden oder ob der Schutt der letzten Jahre zwischen den beiden so groß ist, daß sie sich trennen werden. Wenn ja, wird das sicher ein Schritt für Gerald sein, der ihm sehr weh tun wird. Trotzdem stehen die Chancen gut, daß er imstande sein wird, sein Leben so zu führen, wie es für ihn richtig ist, seinen Kindern ein verantwortungsvoller Vater zu sein und letztlich die Nähe zu finden, die er braucht.

5. Krankheits- und Todesängste

Angst und Vorsicht als Lebens-Grundthema sind uns bereits im 3. Kapitel begegnet. Hier geht es im Unterschied dazu nicht um Menschen, deren Grundtenor davon bestimmt ist, sondern um das Phänomen „überfallsartiger" Angstzustände. Mehr oder weniger plötzlich, mehr oder weniger gerichtet fühlen sich Menschen, die ansonsten ihr Leben einigermaßen meistern können, von schweren Ängsten gequält. Oft treten intensive körperliche Symptome begleitend auf: Schweißausbrüche, Zittern, Herzjagen, Magenbeschwerden usw. Im ganzen genommen ist das natürlich kein ausschließlich männliches Phänomen, es gibt jedoch – in meinem Erfahrungsbereich – deutliche Unterschiede zwischen den Geschlechtern:
– Bei Frauen (immer aufgrund der beschränkten und teilweise zufälligen Auswahl, mit der ich in meiner Tätigkeit als Psychotherapeut zu tun habe) tritt eher eine Art „frei flottierender" Ängste auf, d. h. Angstzustände ohne eine bestimmte Richtung, ohne bestimmten (höchstens mit vagem) Inhalt, ohne offensichtlichen Grund – „einfach so".
– Bei Männern habe ich häufiger Angstzustände erlebt, die sich auf Krankheiten und/oder Tod beziehen – ohne daß diese Männer tatsächlich manifeste Symptome aufzuweisen hätten. Selbstverständlich gibt es auch Frauen, die unter Krankheitsängsten leiden, aber – auch aufgrund von Zusammenhängen in der Entstehungsgeschichte solcher Probleme – Männer scheinen öfter davon betroffen zu sein.
Diese Ängste drehen sich viel um Krebs (jeder beliebigen Art), manchmal auch um Herz und Kreislauf, in jüngerer Zeit auch häufig um Aids. Meistens setzen die Angstattacken plötzlich ein, in Form panikartiger Zustände, in unregelmäßigen Zeitabständen. Manche Männer leiden schon seit vielen Jahren darunter, zum Teil seit ihrer Jugend, bei anderen setzen sie später ein in einem scheinbar ganz rätselhaften Zusammenhang (oder überhaupt ohne erkennbaren äußeren Anlaß).
Viele von ihnen konsultieren zahllose Ärzte, von denen aber keiner und auch kein noch so detaillierter Befund sie wirklich

beruhigen kann. Oft weiten sich die Ängste aus, vereinnahmen immer mehr vom Leben des Menschen. Nicht nur, daß ihm nach und nach die Lebensfreude ausgeht – auch Beruf, Partnerschaft, soziale Bindungen können im Lauf der Zeit erheblich beeinträchtigt werden. Manche ziehen sich immer weiter zurück, werden verzweifelt und/oder depressiv und haben oft große Angst, verrückt zu werden.

Charakteristisch ist – wie schon angedeutet –, daß diese Männer nicht nur keine wirklichen Symptome für die befürchtete Krankheit haben, oft haben sie auch wenig Risikoverhalten, das solche Ängste rechtfertigen würde: Nichtraucher fürchten sich vor Lungen- und Zungenkrebs, Männer, die seit vielen Jahren nur mit ihren Partnerinnen sexuellen Kontakt hatten, geraten bei Zeitungsartikeln über Aids in Panik.

Kurzum: Die Ängste haben so gut wie keine reale Grundlage – und ebensowenig sind sie mit Fakten zu bekämpfen. Das Besondere daran ist, daß die Betroffenen das im allgemeinen genau wissen: „Mir ist vollkommen klar, daß ich nicht Zungenkrebs habe – aber die Angst ist einfach stärker als die Vernunft." Meistens erleben sie dieses innere Zerrissensein in zwei Teile – die Vernunft und die Panik – ganz deutlich: „Da kommt mir oft vor, als ob ich neben mir stehen und mir zuschauen würde und weiß, was für ein Blödsinn das ist." Dieses Phänomen läßt manche irrtümlich an Persönlichkeitsspaltung, an Schizophrenie denken.

Tatsächlich handelt es sich dabei um das intensive Erleben zweier verschiedener Anteile der Persönlichkeit, zweier Ich-Zustände. Diese zwei Ich-Zustände sind auch – vorerst – ohne Schwierigkeiten als Erwachsenen- und Kindheits-Ich zu erkennen.

Das Besondere dabei ist aber das Phänomen des Angsthaben-*Müssens,* des Zwanges dazu wider besseres Wissen. Die Angst, die Panik, die zugehörigen Gedanken „müssen" gefühlt und gedacht, die entsprechenden Handlungen (Arztbesuche, Selbstuntersuchungen . . .) „müssen" gesetzt werden. („Ich kann einfach nicht anders.")

Das läßt den Schluß zu, daß das Kindheits-Ich (also die – wie in Kapitel 1 beschrieben – fixierte, unter äußerem und innerem Einfluß eingenommene Haltung) besonders stark unter Druck sein muß. Dieser Druck kommt vom Eltern-Ich, das wir kennengelernt haben als verinnerlichte Elternfigur(en).

Mehr noch: Es scheint sich bei diesen Ängsten zumindest zu einem Teil um übernommene, d. h. um die *verinnerlichte Angst eines Elternteils, meistens der Mutter,* zu handeln. Mehr wird von diesem Prozeß des Verinnerlichens im Anhang die Rede sein; hier zum besseren Verständnis nur soviel:

Das „Verinnerlichen" ist (abgesehen vom Übernehmen sozialer Normen, Regeln, Verhaltensweisen usw.) für das Kind wichtig, um mit schwierigen, zum Teil bedrohlichen Problemen (scheinbar) besser umgehen zu können.

Ein Kind, das seine Mutter ängstlich und sehr (über)besorgt erlebt, empfindet das in zweierlei Hinsicht als Bedrohung:
– sie behindert – direkt oder indirekt – das Kind bei der Entfaltung seiner Vitalität und seiner Energien
– und sie kann für das Kind ihre mütterlich-fürsorglichen Aufgaben nicht ausreichend erfüllen: statt das Kind, wenn es Angst hat, zu beruhigen, hat sie selber Angst und vergrößert damit die des Kindes. Ein schwacher Elternteil läßt für das Kind befürchten, daß er seiner Verantwortung, seinem Erwachsen-Sein nur ungenügend nachkommen kann.

Das Kind versucht also, das Problem zu lösen, indem es diese bedrohliche Mutter „nach innen verlagert". Es hofft, mit der Situation besser umgehen zu können, wenn es sich „nur" innerhalb seiner selbst damit auseinandersetzen muß.

Die Gründe für die große Angst der Mutter (manchmal kann es auch der Vater sein; im klassischen Rollenmuster, wenig Gefühle zu zeigen und auszudrücken, ist das aber eher selten) können vielfältig sein, oft sind es mehrere in Kombination:

– Es kann sein, daß das Kind tatsächlich oft und/oder ernsthaft krank ist.
– Die Mutter kann schon ein Kind (oder mehrere) verloren haben.

- Möglicherweise war sie als Kind intensiv mit Tod und Verlust konfrontiert (und ist in ihrem eigenen Kindheits-Ich-Zustand fixiert).
- Sie kann alleinstehend, d. h. ohne Partner sein – das Kind ist daher von besonderer Wichtigkeit für sie.
- Sie kann selbst mit einer ängstlichen Mutter aufgewachsen sein und leidet daher selbst unter Krankheitsängsten. Das Problem kann daher sowohl vom Kindheits-Ich als auch vom Eltern-Ich der Mutter herkommen.

Diese Angst der Mutter kann für das Kind immer da sein, sozusagen „im Raum schweben"; oder sie tritt in bestimmten Situationen auf:
- wenn das Kind krank wird (sowohl harmlos als auch ernsthaft);
- wenn das Kind krank werden könnte, z. B. Schmerzen hat;
- wenn das Kind sich verletzt u. ä.
- wenn das Kind potentiell in Gefahr sein oder kommen könnte (in der subjektiven Sicht der Mutter): das können sowohl reale als auch phantasierte Gefahren sein (wenn das Kind seine Lebendigkeit ausleben will, d. h. Neues ausprobiert).

Wie schauen die Konsequenzen für das Kind aus?
- Es bekommt selbst Angst – oder Angst, die schon da ist, wird stärker.
- Es schränkt seine Lebendigkeit und Entdeckungslust ein, um sich vor der Angst der Mutter zu bewahren.

Aus dieser Konstellation entstehen oft (über)intensive Mutter-Kind-(in unserem Fall: Sohn-)Beziehungen; das ist eine der klassischen Ausgangsbedingungen für die Entwicklung von „Muttersöhnchen". Nicht selten sind es vaterlose Söhne (die entweder wirklich ohne Vater aufwachsen oder mit einem, der selten oder gar nicht greifbar ist).

Eine Strategie des Kindes, mit dem Problem der ängstlichen Mutter umzugehen, ist: sie wird „einverleibt". Kurzfristig scheint das den Konflikt zu lösen; langfristig ist dieser aber genau deswegen so schwer zu lösen, weil er innerlich immer weitergeht. Wann immer Gefahr für das (innere) Kind auftaucht, reagiert das Eltern-Ich mit starken Ängsten. Wenn also

– analog dem, was oben aufgezählt wurde – der Mann (zu dem unser Kind inzwischen herangewachsen ist):
- krank wird (harmlos oder ernsthaft);
- krank werden könnte, z. B. Schmerzen hat;
- sich verletzt o. ä;
- potentiell in Gefahr sein oder kommen könnte, vor allem, wenn er Neues ausprobieren will (oder muß) – dann reagiert seine „innere Mutter" so, wie er die äußere reagieren erlebt hat – mit der alten, großen Angst.

Das wiederum bewirkt bzw. verstärkt Angst im Kindheits-Ich-Zustand – und der betreffende Mensch schränkt seine Lebendigkeit ein, um die Angst der „inneren Mutter" zu reduzieren. Es tritt also ein Prozeß der gegenseitigen Verstärkung und Stimulierung ein:

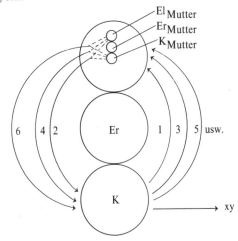

1 K an El: Mir tut was weh; ich bin krank; ich werde was Neues ausprobieren;
2 El (K oder/und El der Mutter) an K: Da krieg' ich Angst um dich!!
3 K an El: Das macht mir Angst!
4 El an K: Dann hab' ich noch mehr Angst um dich!
5 K an El: Und das macht mir noch mehr Angst!
6 El an K: Und mir noch mehr – bitte stirb nicht!!!
   usw.
xy: Entscheidung des Kindes: Je weniger ich tue, umso weniger bedroht sie mich mit ihrer Angst.

Die Aufgabe des Therapeuten dabei besteht darin, diesen „inneren Dialog" zu unterbrechen.

Eine wirksame Methode dafür (s. auch Anhang) ist, mit dem Eltern-Ich, d. h. mit der einverleibten Elternfigur der Person zu sprechen und therapeutisch zu arbeiten. Das heißt, der hilfesuchende Mensch „ist" dann seine Mutter/sein Vater („nimmt ihre/seine Rolle ein" ist dafür nur ein unzureichender Ausdruck). Der Therapeut arbeitet dann mit dieser Mutter/diesem Vater. Diese/r ist nicht unbedingt wirklichkeitsgetreu, sondern so, wie sie/er erlebt und verinnerlicht wurde. Das Ziel ist, Mutter/Vater dabei zu helfen, *ihre/seine* Probleme zu lösen, ihre/seine Angst zu bewältigen. Dadurch kann der betreffende Mensch dann frei vom Einfluß seines Eltern-Ich an diesem Punkt werden.

Dieser Vorgang mag auf den ersten Blick befremdlich klingen; ebenso tut es das natürlich auch für einen Menschen in Psychotherapie. Entsprechend langwierig ist es daher auch oft, an diesen Punkt heranzukommen. Zusätzlich gibt es im Kindheits-Ich tiefen inneren (nicht bewußten) Widerstand dagegen, mit diesen äußerst unangenehmen und bedrohlichen Aspekten der eigenen Mutter noch einmal in bewußte Berührung zu kommen. Oft sind viele scheinbar „ergebnislose" Anläufe nötig, bis die Beziehung zum Therapeuten sicher genug ist, sich mit der beängstigenden ängstlichen Mutter auseinanderzusetzen.

Günter, 39: „Die Angst vorm Sterben bringt mich noch um!"

Günter ist ein großer, schmächtiger Mann mit dünnem Bart und großen dunklen Augen. Seine Hände sind unruhig, ebenso ist sein Gesicht viel in Bewegung, auch wenn er nicht spricht. Er ist Sozialarbeiter in einer privaten Beratungsstelle; seit 10 Jahren ist er verheiratet und hat eine dreijährige Tochter, die er zärtlich liebt.

Nachdem er mir – ohne daß ich speziell danach gefragt habe – diese Fakten mitgeteilt hat, fährt er fort:

Günter: Warum ich komme, hat folgenden Grund: Vor zirka einem halben Jahr bin ich am Knie operiert worden, Meniskus, eine Sportverletzung, ich bin leidenschaftlicher Hobbyfußballer, ich spiele in einer Altherrenmannschaft, und man muß halt zur Kenntnis nehmen, daß man nicht mehr der Jüngste ist. An sich ein ganz harmloses Ding, aber seither – ich weiß nicht, war das das Ganze, das Krankenhaus, ich muß vorausschicken, operiert zu werden, ist mir ein Alptraum, auch wenn's noch so geringfügig ist, ich weiß nicht, ob's da irgendwelche, sozusagen Kindheitserlebnisse gegeben hat . . .

Therapeut: Und was ist seit Ihrer Operation?

G: Ja, genau. Auch so eine Unsitte von mir, nie einen Satz zu beenden, vom Hundertsten ins Tausendste zu kommen, Sie werden sich ja auskennen, was das für eine Bewandtnis haben kann. Also seit damals – es ist losgegangen einige Wochen danach, ich hab' mir grade die Narbe am Knie angeschaut. Mir ist da vorgekommen, so ein Gefühl, als wäre sie etwas angeschwollen. Und – da muß man dann wieder und wieder hinschauen, untersuchen, und es liegt ja in der Natur der Sache, daß Narben langsam verheilen. Also ich hab' auf einmal, mich hat auf einmal die Panik gepackt, mir wächst da jetzt was, ein Krebs sozusagen. Ich bin natürlich sofort zu meinem Hausarzt, und der hat gesagt, alles normal, aber wir können ja eine Gewebeprobe entnehmen, aber ich – noch einmal schneiden, das war noch fürchterlicher . . .

Seit diesem Zeitpunkt ist Günter die Angst vor Krebs nicht mehr losgeworden: zuerst am Knie, dann befürchtete er Knochenkrebs im Knie, dann Hodenkrebs, dann ein Bronchialkarzinom und im Moment ängstigt ihn ein Pigmentfleck am Handgelenk:

G: Wissen Sie, am liebsten würd' ich mich stundenlang untersuchen, ich bin froh, wenn ich in der Beratungsstelle grad keine Klienten hab', dann kann ich wieder mein Handgelenk anschauen. Es kommt so, wie soll ich sagen, so überfallsartig, man ist da völlig machtlos dagegen, und vielleicht will man auch gar nichts machen.

Es ist nicht das erste Mal in seinem Leben, daß Günter solche Ängste spürt, aber das erste Mal mit dieser Intensität und Hartnäckigkeit.

In den ersten Stunden seiner Psychotherapie verbringt Günter viel Zeit damit, über seine verschiedenen Ängste zu sprechen. Bald wird ihm klar, wie sehr er sich sein Leben damit einschränkt, wie sehr er zunehmend nur für seine Ängste lebt. Der Langzeitvertrag, den wir schließen, heißt daher: Lebendigkeit statt Krankheitsängsten.

Nach und nach erfahre ich Details aus Günters Lebensgeschichte: er ist allein mit seiner Mutter aufgewachsen, die den Vater bald nach seiner Geburt verlassen hat. Im Prinzip sei seine Kindheit ungetrübt gewesen, mit einer sehr innigen Beziehung zur Mutter. Allerdings sei er häufig krank gewesen, er wisse nicht genau, was für Krankheiten das waren. Die Mutter habe viel für ihn gesorgt und ihn ein wenig vorsichtig und ängstlich erzogen.

In der Folgezeit nehmen die Ängste manchmal ab, manchmal zu. Der Kontakt mit mir hilft Günter, wenn sie auftreten, allerdings nur kurzfristig. Allmählich wundert er sich selbst darüber, wie wenig er sich an seine Kindheit erinnern kann, vor allem, daß die häufigen Krankheiten nur nebulos in seinem Gedächtnis haftenblieben. Er beschließt, bei seiner Mutter, die noch lebt, darüber Informationen einzuholen.

In der Stunde danach – es ist die 55. – zeigt er sich betroffen über das, was er erfahren hat:

G: Da hab' ich Geschichten gehört, das hätt' ich mir nicht träumen lassen! Ich war meine ersten sechs, sieben Lebensjahre ja pausenlos krank – bis zu einer Gehirnhautentzündung! Das hab' ich alles nicht mehr gewußt ... Und meine Mutter hat mir erzählt, was sie alles durchgestanden hat, ganz allein, ohne Geld – was die ausgestanden haben muß!

Th: Das hat sie sicherlich.

G: Das muß man sich nämlich vorstellen, was das für eine Frau heißt ... das muß ja, ich meine, da hat man doch Angst um sein Kind, ich war ja noch dazu das einzige!

Th: Und wie, denken Sie, ist es für ein Kind, so viel und so schwer krank zu sein?

G: Da kann ich mich nicht so erinnern. Aber vorstellen kann ich mir, wie schwierig so was für eine Mutter ist!

Th: Ich mach' Ihnen einen Vorschlag: Wollen Sie Ihre Mutter hier auf dem Stuhl (rückt einen leeren Stuhl gegenüber von G hin) sehen und ihr das direkt sagen?

G: Wie – ich versteh' nicht ... Sie meinen, ja, ich kenn' schon diese Technik, aber ich kann doch nicht zu einem leeren Stuhl sprechen!

Th: Sehen Sie auf dem Stuhl Ihre Mutter sitzen und sprechen Sie zu ihr!

G: Hm ... ganz schön schwer ... also nein, ich glaub', ich kann das nicht. (Pause.) Mutti, also, wie du mir erzählt hast ... nein, ich, es geht einfach nicht. Ich kann so was nicht.

Th: Sie können nicht?

G: Nein, da komm' ich mir lächerlich vor.

Th: Es ist ein Experiment. Wollen Sie sich drauf einlassen?

G: Na, probieren kann ich's ja. (Pause.) Mutti, das ... (lacht) Nein, das ist zu absurd. Lassen wir's.

Th: Einverstanden.

In der nächsten Zeit schlage ich Günter verschiedene Varianten vor, mit seiner „inneren Mutter" in einen Dialog zu kommen. Er lehnt immer ab. Allmählich aber tauchen seine eigenen Erinnerungen ans Kranksein und an die angsterfüllte Mutter auf – Erinnerungen, die er durch Verdrängen und andere Abwehrformen aus seinem Bewußtsein verbannt hat. In dieser Zeit macht er eine intensive Angstphase durch. Er wechselt die Ärzte, wird durchuntersucht (alles ohne Befund). Immer wieder ruft er mich zwischendurch an. Dann beruhige ich ihn mit Botschaften an sein verängstigtes Kind: „Sie sind nicht krank und dürfen leben!" oder: „Es ist gut und in Ordnung, wenn Sie am Leben bleiben und Ihr Leben genießen. Sie brauchen nicht zu sterben!" Kurzzeitig hilft das, aber nach Tagen, manchmal nur Stunden, sind die Ängste wieder da.

In dieser Zeit wird auch Günters Ehe schlechter, seine Frau leidet unter seinen Ängsten und fühlt sich vernachlässigt („Du bist ja nur mehr mit deinem Krebs verheiratet!"). Unter diesem Leidensdruck steigt Günters Wunsch, seine frühe Fixierung aufzulösen. Der Zusammenhang mit den Ängsten seiner Mutter wird ihm immer deutlicher, aber er kommt nicht an den Punkt heran, eine Neuentscheidung durchzuarbeiten.

Auf eigenen Wunsch kommt er ein halbes Jahr lang in eine laufende Therapiegruppe, um mitzuerleben, wie andere Menschen an ihren Verletzungen, ihren frühen Lebensfestlegungen und ihren Neuentscheidungen arbeiten. Es hilft ihm, das zu beobachten – er beginnt (nur in Einzelsitzungen) kurze Dialoge mit seiner „inneren Mutter", seinem Eltern-Ich, zu führen. Dadurch tauchen immer mehr Erinnerungen an sein Kranksein, seine Verzweiflung, seine Hilflosigkeit und seine kindliche Angst zu sterben, auf, und er kann seine aktuellen Ängste mehr und mehr reduzieren, indem er ihnen einen Platz in der Vergangenheit gibt.

Er bricht die Gruppe ab, als ein anderes Gruppenmitglied mit Trauerarbeit über den Tod seiner Frau beginnt, die vor neun Jahren an Hautkrebs verstorben ist.

Schlagartig sind Günters Ängste wieder massiv da, gleichzeitig ist er sehr wütend auf mich: „Wie kannst du mich in eine solche Gruppe gehen lassen – dir muß doch klar sein, was das für mich bedeutet, wenn ich mit so was konfrontiert bin!" (In der Zwischenzeit sind wir vom „Sie" zum „Du" übergegangen.)

In der 96. Stunde – Günter ist mittlerweile seit zweieinhalb Jahren in Therapie – ist er sehr deprimiert und verzweifelt:

G: Das kann doch nicht ewig so weitergehen! Meine Ehe ist fast kaputt, ich bin kaum mehr arbeitsfähig, geh' abends nicht mehr fort, ich rette mich nur mehr von einem Spiegel zum nächsten, um meinen Rücken und meinen Hintern auf Hautkrebs zu untersuchen. Jeder Leberfleck jagt mir Panik ein . . . und so sehr ich mir auch einrede, daß es nichts ist, jeder Arzt lacht mich nur mehr aus . . . aber es kommt mir so blöd vor zu sagen, schuld ist meine Mutter, die hat so Angst um mich gehabt . . .

Th: Willst du direkt mit deiner Mutter über deine Ängste reden?

G: Du meinst, daß ich sie wieder einmal auf den Stuhl setzen soll?

Th: Genau.

G: Hm . . . ja, einverstanden. Was soll ich ihr sagen?

Th (deutet auf einen leeren Stuhl): Sieh sie hier vor dir sitzen. Ihre Haare, ihre Augen, ihre Hände . . .

G: Mhm.

Th: Was möchtest du ihr über deine Ängste erzählen?

G: Schwer . . . Mutti, ich – ich hab' oft so furchtbare Angst, daß ich sterben muß . . . bei jeder Kleinigkeit fürchte ich mich, daß es Krebs oder was ist . . .

Th: Wechsle jetzt den Stuhl und sei Mutter. (Günter wechselt auf den andern Stuhl; im weiteren Verlauf sitzt er jeweils auf diesem, wenn er als Mutter spricht, und auf seinem ursprünglichen Stuhl, wenn er als Günter redet.) Und jetzt antworte dem Günter.

G (als Mutter): Na, weißt du, gleich muß es ja nicht das Schlimmste sein. Jetzt beruhige dich erst einmal und erzähl' mir, was du denn für Symptome hast.

G (wechselt zurück): Hm . . .

Th: Eine Frage zwischendurch, Günter. Wie schaut sie denn drein, wenn sie das sagt: Beruhige dich erstmal?

G: Eigentlich gar nicht so beruhigt. Eher ziemlich beunruhigt, aber sie will, daß ich's nicht merken soll.

Th: Ah! Gut, willst du weiter mit ihr sprechen?

G: Ja . . . also, weißt du, Mutti, manchmal bin ich mir bei Leberflecken auf der Haut . . . das kommt mir jetzt so komisch vor, wenn ich dir das sag', eigentlich weiß ich ja selber, daß das nicht Krebs ist . . . aber die Angst ist stärker . . .

G (Mutter): Nein, weißt du, auf die leichte Schulter darfst du's auch wieder nicht nehmen. Aber reden wir in Ruhe drüber. Was für Flecken auf der Haut? (Stimme klingt erregt und beunruhigt.)

G: Ja . . . verschieden . . . (leise)

Th: Was geht jetzt in dir vor, wenn du sie so reden hörst?

G: Angst macht mir das . . . sie hat so was in den Augen, da ist mir nicht wohl . . . sie . . .

Th: Magst du ihr das direkt sagen, was in dir vorgeht?

G: Mutti, wenn du so schaust, dann . . . ich krieg' Angst, was mit mir los ist, wenn du so dreinschaust . . .

G (M): Ja, das kann schon sein. Jetzt zeig mir aber schnell die Flecken auf der Haut! (Wechselt den Stuhl.)

G: Ja . . . jetzt weiß ich nicht mehr (schaut den Th hilfesuchend an).

Th: Hm. Bist du einverstanden, wenn ich einmal ein Stück mit deiner Mutter rede?

G: Ja.

Th: Gut. Dann wechsle den Stuhl und sei sie.

G (wechselt)

Th: Bist du einverstanden, Mutter, wenn wir zwei miteinander reden?

G (M): Ja, von mir aus – aber seine Flecken will ich sehen!

Th: Die können wir uns nachher gemeinsam anschauen. Laß uns zuerst ein paar Minuten miteinander reden.

G (M): Na schön.

Th: Gut. Wie heißt du denn, Mutter?

G (M): Bärbel – oder eigentlich Barbara.

Th: Wie ist's dir lieber, wenn ich dich anspreche?

G (M): Hm – Bärbel sagt jeder zu mir. Aber mein richtiger Name ist ja Barbara.

Th: Also Barbara?

G (M): Ja, das ist mir recht.

Günter *ist* in diesem Moment Barbara, seine Mutter – man kann nicht sagen, er „spielt" sie. Sein Eltern-Ich-Zustand ist aktiv: seine „einverleibte" Mutter spricht, denkt und fühlt wie eine physisch und psychisch existente Person. Die muß nicht ident, nicht einmal ähnlich mit der realen Barbara sein; es ist die Frau, wie Günter sie erlebt und in sich aufgenommen hat. Entsprechend ist meine Vorgangsweise: Ich nehme mit ihr Kontakt auf wie mit einer realen Person, mit der ich das erste Mal therapeutisch arbeite. Der Vorteil ist, daß sie – als Eltern-Ich – ja bereits Günters gesamten Therapieprozeß „beobachtet" hat, mich kennt und nicht so hinter ihren Abwehrmechanismen verschanzt ist wie manche andere Menschen, die mich tatsächlich neu kennenlernen.

Ich erfrage zuerst einige biographische Daten: Barbara ist in den letzten Tagen des Ersten Weltkriegs in Südtirol geboren worden, ihre Mutter flüchtete mit dem Baby auf mühsamen und gefahrvollen Wegen nach Wien. Ihren Vater hat Barbara nie gekannt; ihre ganze Kindheit ist von Armut und Hunger geprägt. Schließlich heiratet sie mit 20, weil sie schwanger ist. Wenige Wochen danach beginnt der Zweite Weltkrieg, ihr Mann wird eingezogen. Sie verliert das Kind und in den nächsten Jahren noch zwei weitere:

G (M): In diesen Jahren, bis 45, hab' ich meinen Mann vielleicht alles in allem sechs, sieben Wochen lang gesehen. Und sonst war nur ständig die Angst, daß er nimmer wiederkommt. Und immer wieder war ich schwanger, wenn er wieder an die Front gefahren ist, und immer wieder hab' ich's verloren nach ein paar Wochen oder Monaten. Und er war an der Front und hat immer nur heimgeschrieben, wann wir denn endlich ein Kind bekommen, ob wir nicht schon eins haben.

Th: Das muß schlimm gewesen sein, Barbara.

G (M): Schlimm – mein Gott, es war so vieles schlimm damals, was war denn nicht schlimm, 43, 44. Wir haben gefroren, gehungert, dann sind die Bomben gekommen . . .

Th: Wie hast du das durchgestanden, Barbara?

G (M): Ich hab' mir nur geschworen, eines Tages hat das ein Ende, und ich will's erleben, wenn der Krieg aus ist, und ich will dann endlich ein Kind haben und keine Angst mehr haben müssen . . . ich hab' sie ja alle aus Angst verloren . . .

Th: Wenn ich die Geschichte deines Lebens höre, dann ist Angst – Angst, nicht zu überleben – von Anfang an dein Begleiter gewesen.

G (M): Das kannst' wohl sagen! Als Kind, natürlich, kann ich mich nicht mehr so erinnern, aber es war halt auch immer: Wie kommen wir den nächsten Winter wieder durch . . .

Barbaras Mann fällt Ende 1944. Zwei Jahre später heiratet sie wieder:

G (M): Na, Liebe auf den ersten Blick kann man nicht sagen, aber er hat halt Geld gehabt, und was zu essen und was zum Anziehen. Ein Beamter, die haben's ja zum Teil schon nicht mehr so schlecht gehabt, und auch nicht mehr so jung, schon an die 50, der war froh, daß er mich gekriegt hat.

Th: Und du?

G (M): Na ja, mußt halt schauen, wo du bleibst. Ich hab' einfach so genug gehabt vom Hunger ... und dann hab' ich mir gedacht, krieg' ich eh sicher bald ein Kind, dann hab' ich ja was zum Liebhaben.

Th: Und dann ist Schluß mit dem Alleinsein?

G (M): Ja ...

Th: Und das war dann der Günter?

G (M): Der Günter ... nein, halt, da war vorher noch eine Totgeburt, ein Mädchen ... da hab' ich schon gedacht, ich halt's nicht mehr aus, was muß ein Mensch noch mitmachen ... Da tragst' es endlich volle neun Monat' aus, und dann ist's tot, ich hab' geglaubt, es zerreißt mich ...

Th: Das muß furchtbar gewesen sein!

G (M): Furchtbar ... und was ich dann ausgestanden hab', wie wieder was unterwegs war, ich hab's fast nicht 'glaubt, wie's da war und ganz gesund, und lebt ... (hat Tränen in den Augen)

Th: Mm! Das muß schön für dich gewesen sein!

G (M): Und ich hab' gedacht, dich nimmt mir niemand, niemand ... und dann war doch bald einmal der Aufstand 1950, und alle haben gesagt, jetzt werden wir kommunistisch, jetzt sind wir beim Stalin, und nach Sibirien ist's ein kurzer Weg ... und ich hab' so Angst gehabt, wollt' nur weg aus der russischen Zone, bei Nacht und Nebel, und ich bin auch wirklich zu den Amis gekommen, bis nach Salzburg. Obwohl mein Mann zurückgeblieben ist. Und ich war dann allein mit dem Kind ...

Wieder muß Barbara ums Überleben kämpfen. Allmählich gelingt es ihr, Fuß zu fassen, doch Günter, ihr kleiner Sohn, ist oft krank:

G (M): Nächtelang dieser Husten, ich hab' geglaubt, es zerreißt mir das Herz – ein kleines Tschapperl von drei, vier Jahren, und ich hab' nur das feuchte, kalte Zimmer gehabt . . . mein Gott, was hab' ich damals mitgemacht . . .

Günter ist innerlich sichtlich bewegt: als seine Mutter, aber auch als er selbst, in seinem Erwachsenen-Ich und seinem Kindheits-Ich, das die Zeit von damals wiedererlebt. Immer deutlicher werden die Wurzeln seiner Todesängste in der Lebensgeschichte seiner Mutter.

G (M): Und schließlich, mit fünf, kriegt er eine Hirnhautentzündung. Das waren Nächte, ich wünsch' das keinem Menschen, ich hab' nur mehr gebetet und geflucht und geheult . . . warum ich, lieber Gott, hab' ich gesagt, nimm ihn mir bitte nicht weg! (Mit zitternder Stimme.) Das ist mir geblieben, bei jedem Fieber, jedem Schnupfen, wenn er sich einmal die Füße naßgemacht hat, immer die Angst, wenn er einmal nicht gegessen hat, immer, immer die Angst, ich verlier' ihn . . . (weint)

Da bin ich dann oft auch sehr streng mit ihm gewesen – aber ich hab' ihn durchgebracht! Ich hab' ihn großgezogen!

Th: Er verdankt dir sein Leben.

G (M): Ja . . . aber ich weiß nicht, ob ich ohne ihn hätt' selber leben wollen . . .

Th: Du hast Schreckliches durchgemacht, Barbara.

G (M): Ja, ich glaub' auch . . . (weint)

Th: Vom Beginn deines Lebens an. Und es hat nicht aufgehört, bis der Günter groß war.

G (M): Nie . . . und es hört auch nimmer auf. Immer, wenn er mir was erzählt, daß er mit dem Auto fährt oder auf den Berg geht, dann muß ich's ihm sagen, daß er aufpassen muß . . . denn was tu' ich ohne ihn . . .

Th: So tief sitzt deine Angst.

G (M): Ja, so tief . . . lieber Gott, was waren das für Jahre! (Weint heftig.)

Th: Weine ruhig drüber, Barbara. Es war eine furchtbare Zeit für dich – und du hast soviel hart und stark sein müssen. Du darfst ruhig jetzt weich werden.

G (M): Ja, ich hab' mich ja auch um alles kümmern müssen, die ganze Zeit . . . gehenlassen hab' ich mich nicht dürfen . . .
Th: Dann laß dich ruhig jetzt gehen. Jetzt mußt du nicht mehr stark sein.
G (M) (weint heftig)
Th: Und wenn du dir jetzt deinen Sohn Günter anschaust, der jetzt 40 ist und ein erwachsener Mann.
G (M) (hebt den Blick): Ja, ein Mann.
Th: Bist du stolz auf ihn?
G (M) (lächelt): Und wie! Jetzt hat er selber schon Kinder!
Th: Und ist er schwach und kränklich?
G (M) Nein, kann man nicht gerade sagen (lacht). Eigentlich hat er die letzten Jahre kaum einen Schnupfen gehabt.
Th: Und ist er leichtsinnig und unvorsichtig?
G (M): Hm – bin ich mir nicht so sicher. Nein, eigentlich nicht. Nein, ich glaub', er . . . er paßt auf.
Th: Denkst du, er kann auf sich aufpassen?
G (M): Hm . . . eine gute Frage . . . hm, ja, doch, das wird er schon können. Schließlich ist er ja erwachsen.
Th: Das ist er! Wird er sterben, wenn du aufhörst, auf ihn aufzupassen?
G (M): Sterben? Nein (lacht)! Der soll lieber zu leben anfangen!
Th: Hey! Das hört sich ja gut an! Willst du ihm selber sagen, was du jetzt mir gesagt hast?
G (M): Ja. – Günter, weißt du, ich hab' früher soviel Angst um dich haben müssen. Aber jetzt bist du groß – und hast keine Bronchitis mehr, und auch keine Hirnhautentzündung, und mußt auch nicht sterben. Ich hab' jetzt keine Angst mehr, daß du sterben mußt. Das ist vorbei. Mußt selber auch keine mehr haben.
Th: Sag ihm auch das mit dem Leben-Anfangen noch!
G (M): Günter, du brauchst nicht stundenlang vor dem Spiegel stehen und Leberflecken anschauen. Du darfst – du sollst dein Leben genießen. Du hast eine liebe Frau und dein Mäderl, kümmer' dich mehr um sie. Und auch um deinen Job. Leb lieber in der Zeit, in der du vorm Spiegel stehst oder zum Doktor rennst!

Th: Okay. Das ist eine schöne Erlaubnis, die du dem Günter da gibst. – Das war ein intensives Gespräch, Barbara. Ich denke, es ist Zeit, Günter wieder zu Wort kommen zu lassen.
G (M): Mhm.
Th: Willst du zum Abschluß noch was sagen?
G (M): Ja – daß ich dem Günter noch sagen will, daß ich halt nicht anders können hab'. Ich hab' nicht aus meiner Haut können. Und es tut mir leid für dich, daß es so war.
Th: Das glaub' ich dir, Barbara. Danke für das Gespräch und für deine Offenheit – und daß du mich so tief in dein Herz schauen hast lassen.
G (M): Bitte. Ich glaub', mir hat's auch gutgetan.
Th: Schön! Auf Wiedersehen, Barbara.
G (M): Wiedersehen.
Th: Gut. Nun wechsle wieder zu Günter.
G (wechselt den Stuhl): Hmmm . . .
Th: Wie geht's dir jetzt, Günter?
G: Gut – befreit irgendwie.
Th: Noch was, das du zu deiner Mutter sagen willst?
G: Nicht im Moment. Im Moment ist's noch zu frisch. Ganz schön tief, das alles.
Th: Ja! Das war eine sehr tiefe, sehr schöne Arbeit. Meinen Glückwunsch, Günter!
G (lacht): Ja! Ich glaub', ich bin durch!

Dieses Stück Therapiearbeit stellt sich tatsächlich als zentral für Günter heraus: Von diesem Moment an lassen seine Ängste deutlich nach.

Ein paar Monate später geht er noch ein wichtiges Thema an: Trauer und Wut darüber, daß sein Vater nicht da war in seiner Kindheit, daß er nicht da war, um die Mutter zu entlasten und auch nicht, um Günter vor ihren Ängsten zu schützen.

Damit rundet er seine Therapie ab und beendet sie schließlich nach drei Jahren und vier Monaten.

6. Der gewalttätige Mann

Das Problem der Gewalttätigkeit in Familien bzw. des gewalttätigen Vaters und/oder Ehemannes ist ebenso häufig wie schreckenerregend. Die täglichen Meldungen in den Zeitungen sind nur die höchste Spitze eines Eisbergs in einer Welt voller „g'sunder Watschen" in der Kindererziehung und voller geschlagener Frauen. Dieses Erscheinungsbild existiert quer durch alle sozialen Schichten.

Gerade als Therapeut werde ich immer wieder mit Menschen konfrontiert, die als Kind Unfaßbares erlebt haben: mit allen Arten von Gegenständen so geschlagen, daß das Wort „schlagen" nicht ausreicht, das Vernichtende und Mörderische an dieser Situation zu beschreiben. Schwere und schwerste Verletzungen. von aufgeplatzter Haut bis zu Knochenbrüchen und inneren Verletzungen. Und natürlich die Todesängste – oft über viele Jahre hin –, die das bedeutet.

Es ist sehr einfach und sehr naheliegend, sich in diesen Fällen mit den Opfern zu solidarisieren und eine deutliche und klare Position gegenüber solchen gewalttätigen Vätern und/oder Partnern zu beziehen: indiskutabel, grauenvoll, unmenschlich, barbarisch, unfaßbar.

Manchmal aber sehe ich mich nicht den Opfern gegenüber, sondern den Tätern – und erlebe, daß sie nichts anderes tun, als eine eigene lange Geschichte als Opfer umzudrehen. Das sind dann Männer, die – zumindest an irgendeiner Stelle ihres Denkens und Fühlens – um das Unrecht wissen, das sie zufügen, wissen, daß falsch ist, was sie tun. Die im allgemeinen grundsätzlich – wenn sie klar denken können – durchaus in der Lage sind, sich in die Opfer hineinzudenken, und die oft auch sehr unter Schuldgefühlen bzw. unter ihrer tatsächlichen Schuld leiden.

Es ist nicht mein Ziel, Entschuldigungen, Verständnis und Toleranz für Gewalttätigkeit zu finden. Gewalt ist nicht zu akzeptieren, schon gar nicht Gewalt gegen Kinder. Aber es geht darum, Männern, die Gewalt anwenden, zu helfen, damit sie es nicht mehr tun – und nur das Beziehen einer klaren Position des Abscheus allein hilft ihnen nicht. Ihnen zu helfen heißt auch, den von ihnen geschlagenen Angehörigen zu helfen. Um einen Weg aus der Gewalttätigkeit zu finden, ist es notwendig, sich die innerpsychischen Vorgänge näher anzusehen, die dem sichtbaren Verhalten zugrunde liegen.

Im wesentlichen gibt es zwei innere „Beweggründe", aus denen heraus Männer zu prügeln anfangen:
– aus objektiver und/oder subjektiver Be- und Überlastung, d. h. unter großem innerem Streß;
– und aus – begründeter oder unbegründeter – Angst vor dem Verlassenwerden.

Das sind vom seelischen Geschehen her zwei ganz unterschiedliche Vorgänge; lassen Sie es mich an zwei Beispielen illustrieren.

Nehmen wir für den Fall 2 (Verlassenheitsangst) eine ähnliche Situation wie in Kapitel 4 (Gerald, der „Mann zwischen den zwei Frauen"): Ein Baby kommt, die Frau wird seelisch, körperlich und auch zeitlich sehr in Beschlag genommen; der Mann muß sie „teilen". Das löst bei ihm Verlassenheitsgefühle aus, die sehr früh in seiner Lebensgeschichte entstanden sind, z. B. in (ihm nicht bewußter) Erinnerung daran, wie er die Mutter an ein jüngeres Geschwister „verloren" hat (in der Empfindung des Kleinkinds, das er damals war).* Damit hört dieser Mann in seiner Beziehung über weite Strecken auf, erwachsen zu sein – er ist fixiert in seinem Kindheits-Ich im Alter von, sagen wir, 1½ Jahren. Das beeinträchtigt natürlich die Partnerschaft erheblich – denn die wenigsten Frauen wollen zum natürlichen Baby ein zweites, scheinbar erwachsenes dazuhaben.

Also werden Angst und Verzweiflung in ihm steigen – und was tun 1½jährige in Angst und Verzweiflung über das Verlassenwerden (wenn man sie läßt)? Sie schreien, toben, stampfen und schlagen um sich.

Wenn nun – aus Gründen der seelischen Entwicklung, die hier nicht näher ausgeführt werden können – der Mann in unserem Beispiel seine Selbstkontrolle, die Fähigkeit, letztlich doch er-

---

* Diese Ausgangssituation – Ankunft eines jüngeren Geschwisters – wird uns (in anderer Konstellation) im nächsten Kapitel noch einmal begegnen.

wachsen zu handeln und zu denken, über Bord wirft und ganz in den regressiven, also früheren Lebenszustand des 1½jährigen eintaucht: dann wird er ebenso schreien, toben, stampfen und um sich schlagen wie ein 1½jähriger – nur mit der Kraft eines 30jährigen mit 1,80 m Körpergröße.

Bei der hier geschilderten Verhaltensweise handelt es sich im allgemeinen nicht um ein allein dastehendes Muster, sondern um eine Äußerungsform einer tiefergreifenden Störung, unter der solche Menschen leiden – die aber durch Ereignisse wie die Geburt eines Kindes aktualisiert werden kann.

Wie therapeutisch mit solchen umfassenden Arten von Persönlichkeitsproblemen umzugehen ist, ist nicht Gegenstand dieses Buches; in jedem Fall sind dazu langwierige und umsichtige Strategien notwendig.

Gehen wir zur zweiten möglichen Konstellation: der Mann, der unter Streß prügelt. Aussagen, die dazu passen, sind: „Es ist mir eben alles zuviel geworden", oder: „Mir reicht's dann bis obenhin, und ich kann einfach nicht mehr." Diese Anspannung wird zwar scheinbar durch äußere Umstände hervorgerufen – tatsächlich aber sind es innere Faktoren, die den Menschen dazu bringen, zu sagen: „Es ist unerträglich."* Eine Situation wie die oben geschilderte entwickelt sich nun anders: Dieser Mann, dessen Frau sich mehr ums Baby kümmert als um ihn, gerät – aus welchen Gründen auch immer – in berufliche Schwierigkeiten, unter Druck. Daheim erlebt er, wie seine Frau sich vor ihm zurückzieht – und schlägt voller verzweifelter Wut zu. Diesmal sind die (inneren) Motive anders als vorhin. Unser Mann ist mit einem Vater aufgewachsen, der hohe Leistungsansprüche an seinen Sohn gestellt und ihn für Mißerfolge streng bestraft hat.

In der Folge erlebt der Sohn jede Art von Frustration als persönlichen Mißerfolg, als Versagen. Das wiederum ruft den in

---

* Diese Position findet sich auch bei Frauen, die in der Kindererziehung Gewalt anwenden. Der Unterschied liegt darin, daß Männer a) meist mit größerer körperlicher Gewalt schlagen und b) eher ihre Partnerinnen einbeziehen – d. h. ihre Frauen schlagen –, öfter, als das umgekehrt Frauen mit Männern tun.

seinem Eltern-Ich-Zustand gespeicherten „inneren Vater" auf den Plan, der dann – wie früher leibhaftig in der Kindheit – unbarmherzig zu strafen beginnt, diesmal innerlich. Das ist für das innere Kind, den kleinen Buben in unserem Mann, ein unerträglicher Vorgang: Zusätzlich zu Mißerfolg im Beruf und zur Zurückweisung durch die Frau bestraft ihn auch sein Vater (im Eltern-Ich). Was kann er tun, um sich davon zu befreien?

Die (kurzfristig) wirksamste Methode ist, das, was ihm selbst, dem kleinen Jungen in ihm, zugedacht war, nach außen, auf jemand anders, zu richten. Das schafft momentane Erleichterung – letztlich wird es wahrscheinlich Schuldgefühle und die Idee verstärken, ein Versager zu sein (und damit wieder den strafenden „inneren Vater").

Im ersten geschilderten Fall erfolgt die Gewalttätigkeit vom fixierten inneren Kind her. Hier kommt sie dagegen aus dem Eltern-Ich: Der verinnerlichte Vater in dem Mann wird gegen eine andere Person aktiv. Der Ursprung für die aktuelle Mißhandlung anderer Menschen ist die frühere, am eigenen Leib erfahrene Mißhandlung. Was gefehlt hat, war gesunde, fördernde Erziehung (zumindest an wichtigen Punkten) – es hat an (mit einem in der Transaktionsanalyse gebräuchlichen Ausdruck) guter, konstruktiver Beelterung gefehlt.

In der Psychotherapie mit Männern, die unter Problemen wie im 2. Beispiel leiden, geht es also – neben der „normalen" Auflösung der Fixierungen – auch um folgendes: die wunden Punkte, die Defizite, die Löcher im Erzieherverhalten zumindest zum Teil wettzumachen, damit das „innere Kind" ein Stück nachwachsen und leichter seine Neuentscheidungen treffen kann (s. dazu Anhang).

Zuvor allerdings sind rasche Schritte notwendig, um die aktuellen Gewalttätigkeiten zu beenden. Es hat keinen Sinn und ist auch ethisch nicht zu rechtfertigen, mit jemandem Jahr um Jahr psychotherapeutisch zu arbeiten, der in dieser Zeit seine Familie munter weiter mißhandelt.

Für viele Menschen bringt es dabei Hilfe, von jemandem für Erfolge gelobt zu werden oder sich in Drucksituationen an den Therapeuten wenden zu können und oft auch klare Richtlinien dafür zu erhalten, was in Ordnung ist und was nicht. Auch Probleme, Streß und Druck in die Therapiestunden mitzubringen und dort zu besprechen, dort Dampf abzulassen, hilft dabei, sich nicht zu Hause abreagieren zu müssen. Näheres dazu in der nachstehenden Geschichte Christians.

Christian, 41: „Dann kenn' ich mich selbst nicht mehr!"

Christian ist von einer Familienberatungsstelle zur Einzeltherapie an mich verwiesen worden. Er ist ein kleiner, untersetzter Mann mit dicken Brillengläsern und blassem Gesicht. Er spricht mit leiser Stimme, sucht selten Blickkontakt und wirkt insgesamt schüchtern.

Von Beruf ist er Lehrer an einem Gymnasium; er ist verheiratet und hat eine siebenjährige Tochter und einen fünfjährigen Sohn. Obwohl ansonsten ein ruhiger Mensch (so nehmen ihn auch Kollegen und Freunde wahr), neigt er unter Streß zu unkontrollierter Gewalttätigkeit seiner Frau und seinen Kindern gegenüber:

Christian: Da geht's dann plötzlich mit mir durch, ich weiß auch nicht. Es ist mir unangenehm, das zu erzählen . . . nicht sehr oft, so alle paar Monate einmal, aber wenn mir dann wer in die Finger kommt . . . da schlag' ich einfach zu, wie wenn ich blind wär'.

Therapeut: Wen schlagen Sie dann?

Ch: Wen's grad trifft, meine Frau, die Kinder. Ich muß Ihnen sagen, ich bin völlig verzweifelt. Ich weiß natürlich, daß das nicht so weitergeht. Und jedesmal denk' ich mir, nie, nie mehr wieder, das darf dir einfach nicht mehr passieren. Und dann passiert's doch wieder, dann verlier' ich die Beherrschung, dann kenn' ich mich selbst nicht mehr!

Th: Das heißt, sie versuchen das Problem mit Beherrschung zu lösen?

Ch: Ja! Aber ich lös' es nicht, ich bin so fertig, ich bin manchmal so weit, daß ich mir denk', ich bring' mich einfach um, ich muß meine Familie von mir befreien. Ich sitz' dann auch manchmal im Auto und denk' mir, jetzt fahr' ich einfach gegen einen Baum, dann ist das alles aus der Welt ...

Th: Sind Sie selbst als Kind geschlagen worden?

Ch: Das ist es ja eben, daß ich das genau kenn' und immer fest entschlossen war, meinen Kindern erspar' ich das ...

Th: Woher kennen Sie's genau?

Ch: Mein Vater war Polizist. Und nicht nur im Beruf, das hat er auch daheim nie abgelegt. Was wir Kinder verdroschen worden sind, das geht auf keine Kuhhaut. Mit den Fäusten, mit dem Gummiknüppel, mit Gegenständen ...

Th: Sie erzählen das so ruhig und gelassen.

Ch: Na ja, na ja, es ist ja auch schon lang her. Vergessen kann man's ja nie, aber irgendwie muß das doch auch einmal vorbei sein.

Th: Und doch kehrt es wieder – in Ihrer eigenen Familie, höre ich.

In der ersten Zeit kommt Christian zweimal in der Woche; ich verbringe wenig Zeit damit, seine Lebensgeschichte zu erforschen – denn hier geht es zuerst darum, seine Familie vor seiner Gewalttätigkeit und ihn selbst vor seinen Selbstmordabsichten zu schützen.

Die erste Vereinbarung, die wir treffen (nach drei Wochen), lautet: Christian wird unter keinen Umständen gegen irgendeinen anderen Menschen noch gegen sich selbst Gewalt anwenden, egal, was immer geschieht. In der ersten Zeit läuft dieser Vertrag jeweils nur einen Tag lang – dann ruft er mich entweder an (auch am Wochenende) oder kommt zur Stunde, und wir erneuern die Vereinbarung. Allmählich werden die Abstände länger, schließlich jeweils von einer Woche auf die andere. Diese Verpflichtung gibt Christian deutlich Sicherheit; später – nach etwa vier Monaten – bricht er sie einmal, daraufhin verkürzen wir die Abstände wieder.

Allmählich läßt der unmittelbare Problemdruck nach, und wir können darangehen, die Wurzeln für Christians Schwierigkeiten in seiner Geschichte zu suchen.

Ich erfahre mehr über seine Familie: seine Mutter war häufig krank und auf vielen Kur- und Pflegeaufenthalten (vermutlich litt sie unter Depressionen), und er und seine wenig ältere Schwester wuchsen vor allem unter der Obhut des Vaters auf oder waren vielmehr sich selbst überlassen. Der Vater – offensichtlich überfordert von der Situation – erzog die Kinder äußerst streng und hart:

Ch: Einen Widerspruch oder etwas anders machen – das hat's einfach nicht gegeben, da durfte nicht gemuckst werden. Mehr als einmal hab' ich gehört: Wenn du nicht parierst, erschlag' ich dich wie einen Hasen! oder: Den Widerspruchsgeist werd' ich schon rausprügeln aus dir!

Nach wie vor bleibt Christian eher distanziert, wenn er sich an diese Ereignisse erinnert. Noch sind seine Gefühle weit weg.
Zur 59. Stunde kommt er sehr aufgeregt und verstört:

Ch: Also, letzten Freitag war ich wieder sehr nah dran, die Monika (seine Tochter) zu verprügeln, ich hab' gemerkt, wie mir die Kontrolle fast entgleitet. Das ist mir schon lang nicht mehr passiert, und das beunruhigt mich ... ich hab' Angst, es könnt' wieder alles von vorn losgehen!

Th: Gut. Lassen Sie uns analysieren, was an diesem Tag genau war. Einverstanden?

Ch: Ja, gern. Also, schon tagsüber in der Schule war der totale Frust. Einfach so ein Tag, wo du rausgehst und und denkst, du hast den Beruf verfehlt.

Th: Wie ist das gekommen?

Ch: Ein Fehler nach dem andern. Ich weiß ja eh, daß ich mich, daß ich nicht einsteigen darf, wenn die Schüler provozieren ... wissen Sie, die 7b ... und ich mach' dann genau das Falsche: brüll' sie an. Mach' mich richtig zum Kasperl.

Th: Hm. Probieren Sie mal was aus: Schließen Sie für einen Moment die Augen und stellen Sie sich noch einmal die Situation vom Freitag vor – als ob's jetzt wär'. Sie gehen gerade aus der Schule raus, in diesem Moment.

Ch: Ja.

Th: Und stellen Sie sich vor, Ihr Vater begleitet Sie.
Ch: O Schreck!
Th: O Schreck. Was sagt er, und was tut er?
Ch: Schwer vorstellbar ... er schaut so drein, mit diesem harten Mund und diesen Augen. Er sagt gar nichts, er schaut nur so – so verächtlich.
Th: Und was geht dann in Ihnen vor?
Ch: Ah ... Herzklopfen, und hoffentlich weiß er nicht Bescheid, wie ich mich da heut benommen hab'.
Th: Und wenn er Bescheid weiß?
Ch: Hu, da krieg' ich Angst!
Th: Lassen Sie uns das festhalten. Wie geht's dann weiter an diesem Tag?
Ch: Na ja, ich komm' heim, und die Monika stürzt sich sofort auf mich, ich soll mit ihr eislaufen gehen. Das hab' ich ihr schon seit Wochen versprochen.
Th: Und dann?
Ch: Ich krieg' ein schlechtes Gewissen ... was man versprochen hat ...
Th: Stellen Sie sich wieder vor, ihr Vater ist dabei.
Ch: Ja! Jetzt sagt er was dazu! Wozu versprichst' denn überhaupt was, wenn du nicht imstand' bist, das einzuhalten?!
Th: Was meint er damit?
Ch: Er hat immer gesagt, ich bin die Unzuverlässigkeit in Person. Auf mich kann man sich nicht verlassen.
Th: Aha. Und wie geht er mit dem um, was er Unzuverlässigkeit nennt?
Ch: Unzuverlässigkeit muß bestraft werden – so wie alles bestraft werden muß, was ihm nicht paßt! Ich hör' ihn: Wie oft hab' ich dir schon gesagt, Vereinbarungen sind ab-so-lut einzuhalten!! (Pause) Das ... das war dann eine Frage fürs Gummiwurstbarometer.
Th: Gummiwurstbarometer?
Ch: Ja, er war ja Polizist, und den Gummiknüppel hat er nicht nur im Dienst benutzt. Der ist im Vorzimmer auf dem Kasten gelegen. Manchmal war er nicht zu sehen, und manchmal hat er vorgeschaut, ein Stück, und dann mehr ... Je nachdem,

wie weit er vorgeschaut hat, umso gefährlicher war's ... für jedes Vergehen ist er ein Stück vorgerutscht, und einmal war's dann soweit. Das war das Gummiwurstbarometer.

Th: Scheußlich! (Pause) Was geht in Ihnen vor, Herr S.?

Ch: Ich – es ist so weit weg ...

Th: Sie halten's im Moment weit weg. Aber in der Situation daheim, mit der Monika, da ist er dann innerlich ganz nah, der Vater.

Ch: Und – ja, ich bin dann auch fürchterlich wütend geworden auf sie, und sie soll mich in Ruh' lassen. Hat sie natürlich nicht getan. Und das hat sich dann so aufgeschaukelt ... und immer mehr hab' ich das Gefühl gekriegt, ich bin ein vollständiger Versager, und jetzt hilft's nur mehr, wenn ich ihr eine dresch' ...

Th: Wofür oder wogegen hilft's?

Ch: Weiß auch nicht ... so machtlos komm' ich mir nicht mehr vor ...

Th: Sie sind ein vollständiger Versager – das sagen Sie innerlich zu sich selbst?

Ch: Ja! Du Versager, nicht einmal deine Kinder vernünftig erziehen kannst ... (Pause) nichts kannst du ...

Th: Was ist?

Ch: Das klingt wie mein Vater, wortwörtlich.

Th: Mhm, so klingt's. Ihr innerer Vater sagt zum kleinen Christian in Ihnen: du Versager. Er prügelt Sie wieder innerlich. Und wenn Sie's gegen die Monika richten – dann wird's innerlich besser – es hilft.

Christian ist sehr betroffen über diese Deutung. – Allmählich, Schritt für Schritt, kommt er mit seiner Vergangenheit in Berührung und damit mit dem inneren Prozeß zwischen dem „Vater" und dem „kleinen Buben" in ihm. Immer mehr findet er Zugang zu seinen Gefühlen, zuerst vor allem zu Verbitterung, Zorn und Enttäuschung über den Vater. In dieser Zeit vermeidet er noch die Gefühle von Angst und Schmerz; er fühlt sich in seinem Kindheits-Ich noch nicht sicher genug dafür.

In dem Maß aber, wie sein innerer Prozeß in der Therapie nach außen kommt, in dem Maß verschwindet sein Hang zur Gewalttätigkeit. In der Beziehung zu seiner Frau tritt spürbare Erleichterung und Verbesserung ein.

Christian nimmt im Lauf der Zeit auch an mehreren Therapieseminaren teil, und es ist ihm sehr hilfreich, zu erfahren, daß andere Menschen ähnliche Erfahrungen gemacht haben wie er. Auf einem Seminar (er ist mittlerweile seit etwa drei Jahren in Therapie) erlebt er, wie ich mit einer anderen Teilnehmerin in ihrer Kindheit arbeite. Das heißt, sie versetzt sich zurück und ist das kleine Mädchen von damals und erlebt sich von mir so vorsichtig behandelt, wie sie es in Wirklichkeit nie wurde.

Christian ist davon sehr beeindruckt:

Ch: Wie ich das gesehen hab', wie du mit der F. umgegangen bist, da hab' ich mir gedacht, das ist es auch, was ich möcht': mich noch einmal so als kleinen Buben erleben und jemand, nein, nicht jemand, dich, als Mann, der mit mir so umgeht, wie das mein Vater nie getan hat . . .

Wir einigen uns darauf, daß Christian in das Alter von sechs Jahren zurückgehen wird. Das war die Zeit, in der seine Mutter das erste Mal für sehr lange Zeit in einer Klinik war.

Auf meine Anweisung schließt er die Augen:

Th: Sieh dich selbst mit sechs. Was hast du an? Wie sind deine Haare? Wie groß bist du? Wo lebst du zu der Zeit? Und wie fühlt es sich an, der Christian von sechs zu sein?

Christian sitzt vor mir auf dem Boden. Er senkt den Kopf, das Gesicht nimmt einen störrisch-mißtrauischen Ausdruck an. Er ist jetzt sechs – in dem Sinn, daß er fühlt, denkt und sich verhält, wie er das mit sechs getan hat. Er hat sein Kindheits-Ich besetzt.

Th: Hallo, Christian.
Ch (Pause): Hallo.
Th (Pause): Wo möchtest du gern sitzen, Christian?
Ch: Bißchen weiter weg (geht auf ca. 2 m Distanz).
Th: Gut. Gibt's was, das du gern von mir wissen möchtest?
Ch: Nein.
Th: Mhm. Sonstwas sagen?
Ch: Nein.

Th: Mhm. Hast du Lust, mir ein Bild zu malen?
Ch: Hm. Kann's ja probieren.
Th: Mhm. Schau, hier hast du Stifte und Papier. Du kannst gern sitzen bleiben, wo du sitzt, und ich rede derweil mit jemand anderem. Wenn du was brauchst, fragst du mich.
Ch: Ja. Gut. Was soll ich zeichnen?
Th: Magst du mir ein Bild von deinem Papa malen?
Ch: Mhm.
Th: Nimm den Stift in die linke Hand, Christian.

Ich drücke ihm den Stift in die linke Hand. Christian ist Rechtshänder, mit der ihm ungewohnten linken Hand wird er mit dem Stift etwa so umgehen, wie ein Sechsjähriger das mit der Rechten tun würde.

Christian beginnt zu zeichnen, erst zögernd, dann immer eifriger. Ich arbeite inzwischen mit der Gruppe über ein anderes Thema. Nach etwa zehn Minuten wird Christian sichtbar trauriger und zurückgezogener, sein Blick wird leer, er macht immer längere Pausen beim Zeichnen.

Th: Setz dich zu mir her, Christian, und zeichne hier weiter.

Christian lehnt sich mit dem Rücken an mein Knie und zeichnet weiter, während ich die Diskussion mit der Gruppe beende. In der Zwischenzeit hat Christian heftig zu schlucken begonnen und kämpft sichtlich mit den Tränen. Wichtig ist, zu berücksichtigen, daß er ja die ganze Zeit über in der Regression, d. h. ein sechsjähriger Bub ist.

Th: Bist du traurig, Christian?
Ch: Hmmm ... Angst hab' ich ...
Th: Mm! Zeigst du mir dein Bild?
Ch: Nein. Mag kein Bild vom Papa (zerreißt die Zeichnung).
Th: Oh! Das ist schade! Warum zerreißt du deine Zeichnung?
Ch: Mag ihn nicht.
Th: Den Papa?
Ch: Nein. Ist bös zu mir.
Th: Bös zu dir?
Ch: Ja.
Th: Was tut er?

Ch: Haut mich.
Th: Er haut dich?
Ch: Hm.
Th: Das ist nicht richtig von ihm!
Ch (schüttelt mit trotzigem Blick den Kopf)
Th: Das muß weh tun, hm?
Ch: Nein, tut mir eh nicht weh!!
Th: Nicht?
Ch: Nein!!
Th: Schau mich mal an, Christian.
Ch (hebt langsam den Kopf)
Th: Weißt du, einem kleinen Buben tut's immer weh, wenn der Papa ihn haut. Manche Buben machen sich dann stark, damit's nicht so weh tut. Dann spüren sie's vielleicht nicht mehr so in ihrem Körper, auf ihrer Haut.
Ch (schaut mich an, seine Augen füllen sich mit Tränen)
Th: Aber im Herzen drin – da tut's furchtbar weh. Kennst du das?
Ch (nickt mit zitternder Unterlippe)
Th: Und weißt du, warum's so weh tut? (lange Pause)
Th: Weil sie – die kleinen Buben – ihren Papa ja eigentlich so lieb haben.
Ch (fängt an zu weinen)
Th: Ja, da hast du recht. Das ist wirklich ein Grund zum Weinen.
Ch (schluchzt tief, rückt näher an mich heran): Er soll's nicht mehr tun!
Th: Komm her. Du darfst ruhig weinen und deine Tränen kommen lassen.
Ch (legt sich in meinen Schoß, weint heftig)
Th: Das ist sehr schlecht von deinem Papa, dich zu schlagen. Kleine Kinder schlägt man nicht.
Ch: Ich hab' so Angst!
Th: Ja! Er ist so groß und du so klein!
Ch: Ja! Und so bös!
Th: Und so bös!
Ch: Ja!!

Th: Ich pass' auf dich auf! Er darf dir nichts mehr tun!
Ch: Er soll nicht mehr hauen!
Th: Ja! Hörst du, Vater?! (mit lauter Stimme) Schlag deinen Sohn nicht mehr! Hör auf damit, Vater! Kleine Kinder haut man nicht!!
Ch: Nein!!! (weint heftig)
Th: Du solltest ihn lieber in die Arme nehmen, Vater, und ihm sagen, was für ein liebes Kind er ist!
Ch (weint heftig)
Th: Ein wirklich lieber kleiner Bub. Liebhaben, statt zu hauen – das brauchen kleine Buben (streichelt ihn). Laß ruhig die Tränen kommen, Christian – er darf dich nicht mehr hauen. (Pause) Du verdienst es wirklich, liebgehabt zu werden. Du bist ein lieber Bub, und es ist schön, daß du auf der Welt bist.

Die Arbeit geht noch etwa zehn Minuten weiter; während dieser Zeit wiederhole ich diese Botschaften mehrmals: es ist nicht in Ordnung, Kinder zu schlagen; es ist gut, daß du da bist – du hast ein Recht zu leben und ein Recht, liebgehabt zu werden. So kann Christian als der Sechsjährige, der er im Moment ist, sich diese elterlichen Botschaften intensiv einprägen und sie in sein Eltern-Ich aufnehmen. Gleichzeitig bleibt er in Körperkontakt mit mir; er weint fast die ganze Zeit über, manchmal leise, manchmal in heftigem Schluchzen. Anschließend arbeite ich mit einer anderen Teilnehmerin, Christian bleibt während dieser Zeit bei mir liegen, sein Weinen ebbt allmählich ab. Schließlich setzt er sich wieder auf – ein Zeichen dafür, daß er bereit ist, wieder erwachsen zu sein. Nach Beendigung der Therapiearbeit frage ich ihn:

Th: Bist du wieder erwachsen, Christian?
Ch: Ich denke schon, ja. (Lächelt)
Th: Wie geht's dir?
Ch: Gut. Sehr erleichtert, ein bißchen zittrig innerlich noch.
Th: Willst du reden über die Arbeit von vorhin?
Ch (Pause): Ja, einen Satz vielleicht. Vor einem halben Jahr hätt' ich das überhaupt noch nicht annehmen können, daß ich meinen Vater auch liebgehabt hab' als Bub. Jahrzehntelang hab' ich ihn nur gehaßt, nur gehaßt.

Th: Das kann ich gut verstehen – und es ist auch ein Schutz.
Ch: Ja. Damit's mir nicht so weh tut, was er mir angetan hat.
Th: Genau.
Ch: Huh, ich glaub', da hab' ich noch einiges zu arbeiten, bis ich das ganz durchhab'.
Th: Das ist möglich. Du hast die Zeit dafür.
Ch: Ja, das weiß ich. Und eins weiß ich noch: ich werd' nie mehr einen Menschen schlagen, nicht meine Kinder, nicht meine Frau! Klipp und klar!
Th: Bravo! (die Gruppe applaudiert)
Ch: Ja. Ich hab's zwar schon eine Zeit nicht mehr getan und hab's vom Verstand kontrolliert – aber jetzt, glaub' ich, stimmt's auch vom Herzen her.

Noch fehlt aber ein wichtiger Teil der Beelterung: die Arbeit, in der das Eltern-Ich um neue, konstruktive Inhalte bereichert und ergänzt wird. Christian spricht es von sich aus am nächsten Tag des Seminars an:

Ch: Ich bin heut nacht aufgewacht und war furchtbar traurig. Und das war irgendwie anders als gestern bei der Arbeit. Gestern war da vor allem Angst, viel Angst. Aber in der Nacht war ich so traurig ... Ich hab' dann auch zum Weinen angefangen ...
Th: Deine Stimme zittert, Christian.
Ch: Ja ..., ich hab' was geträumt, ich weiß nicht mehr genau, irgendwas vom Vater ...
Th: Hat er dich geschlagen im Traum?
Ch: Nein, ich glaub' nicht, eher. Es war ganz was andres ... ich glaub', wir waren Schifahren miteinander. Weißt du, da ist mir klargeworden: es gibt ja nicht nur die Seite, was er mir angetan hat ... es gibt auch die Seite, was er nicht mit mir getan hat ...
Th: Das, was dir gefehlt hat?
Ch (nickt): Das war's auch im Traum – wir waren Schifahren, und es war ganz anders, als es war ... er hat mich sonst immer runtergehetzt über viel steilere Sachen, als ich mich eigentlich getraut hätte ...

Christian zeigt deutlich, was er in seinem Kindheits-Ich-Zustand braucht: positive, konstruktive Inhalte für das Eltern-Ich. Das Unterbrechen der negativen Einflüsse des ‚inneren Vaters' allein ist nicht genug.

Th: Bist du einverstanden, wenn du in das Bild des Traums noch einmal gehst – und mich ein Stück weit neuer Papa für dich sein läßt?

Christian hat diese Art therapeutischer Intervention – Beelterung an bestimmten Punkten, an denen das eigene Eltern-Ich Defizite hatte – schon bei mir gesehen, daher ist an dieser Stelle keine ausführliche Erklärung notwendig.

Ch: Ja, gut . . . (Pause) Ich möcht' gern, daß wir Schifahren gehen. Aber du sollst mich nicht so hetzen wie sonst immer, ja?

Th: Weißt du, ich war noch nie Schifahren mit dir. Das war dein natürlicher Vater.

Ch: Ah!

Th: Ich kann nicht ändern, was dein natürlicher Vater getan hat. Ich kann was Neues dazu geben.

Ch: Das versteh' ich . . . (Pause) Gehst du gern mit mir Schifahren?

Th: O ja, Christian. Wichtig ist, daß du mir sagst, wie alt du bist und wie gut du fahren kannst, damit ich die richtige Piste für dich aussuchen kann.

Ch: Mhm . . . ich bin neun. Und Schifahren geh' ich, seit ich vier Jahre war. Und ich kann Stemmbogen machen, aber Wedeln nicht.

Th: Ah ja! Fährst du gern?

Ch: Ja, eigentlich schon . . . wenn ich mich nicht fürchten muß . . .

Th: Aha. Ich denke, dann ist es das beste, wir schauen uns die Abfahrten an, soweit das geht, und du sagst mir, ob du dich fürchtest oder nicht. Und am Anfang laß uns was Leichtes ausprobieren, damit ich sehen kann, wie du fährst.

Ch: Ja, gut. Weißt du, beim Schifahren stell' ich mir immer vor, ich bin der Toni Sailer.

Th: Hey! Und du gewinnst die Goldmedaille?
Ch: Ja – alle drei!
Th: Alle drei, das ist toll. Ich kann mir gut vorstellen, daß du einmal ein Rennläufer wirst, wenn du groß bist. Weißt du, was wichtig ist für künftige Rennläufer?
Ch: Viel üben.
Th: Ja, aber noch was: nur so lang fahren, wie's Spaß macht. Sonst wird's ihnen zu blöd, und sie verlieren die Lust dran.
Ch: Aber was ist dann mit dir, wenn ich keine Lust mehr hab' und du schon noch?
Th: Was soll dann sein?
Ch: Ja, wenn du noch fahren willst, und ich mag nicht mehr oder ich bin müde.
Th: Hm, weißt du, wenn ich mit einem Neunjährigen fahr', dann stell' ich mich drauf ein, daß ich nicht meine ganze Kraft als Erwachsener verausgaben werd'. Ich kann mich gut auf deine Kraft einstellen. Außerdem ist mir das Viel-Fahren nicht so wichtig.
Ch: Nicht? Was dann?
Th: Daß wir zwei Spaß miteinander haben. Wir können Rennläufer spielen, wenn du Lust hast. Wir suchen uns einen guten Hang, und ich stopp' deine Zeit, wie lang du runterbrauchst, und du die meine!
Ch: Ja!! Und ich darf deine Uhr dazu haben?
Th: Klar!
Ch: Toll! Das gefällt mir! (Pause) Und was ist, wenn ich etwas falsch mach'?
Th: Was sollst du falsch machen?
Ch: Falschen Schi belasten. Talschulter nach vor, oder so. Oder wenn's mich hinhaut.
Th: Was soll dann sein?
Ch: Wirst du mich dann nicht schimpfen?
Th: Nein. Weil ich nicht glaub', daß du's besser lernst, wenn ich mit dir schimpf'. Wenn du magst, zeig' ich dir dann, wie's richtig ist – wenn ich's selber weiß. Weißt du, manchmal mach' ich auch was falsch. Noch einmal: wichtig beim Schifahren ist der Spaß dran.

Ch: Kannst du gut Schifahren?
Th: Ganz gut, ja. Weißt du, ich hab's aber erst später gelernt als du – mit fünf oder sechs.
Ch: Fährst du schnell?
Th: Wenn ich will, ja. Aber weißt du, mir kommt's nicht an aufs Schnellsein. Ich werd' gern auf dich warten, wenn ich schneller bin. Oder du darfst vorfahren.
Ch: Ja, gut. So bin ich einverstanden. (Pause)
Th: Willst du wieder erwachsen werden?
Ch: Ja. (Pause) Okay.
Th: Was geht jetzt in dir vor?
Ch: Ich denk' mir, wie das gewesen wär', wenn er so mit mir umgegangen wär' . . . wie viel er mir erspart hätt' . . . ich merk', daß das sehr weh tut, aber das will ich jetzt nicht so . . . oder soll ich?
Th: Sollst du was?
Ch: Soll ich jetzt noch ein Stück weiterarbeiten mit diesen traurigen Gefühlen?
Th: Was denkst du?
Ch: Hm, ich glaub', das ist dasselbe wie beim Schifahren: nicht zu viel auf einmal.
Th: Ah! Du setzt deine neuen elterlichen Informationen gleich für dich ein! Sehr gut!
Ch: Mhm. Machen wir Schluß für heute.
Th: Gerne, einverstanden.

Das Thema, das Christian zum Schluß der geschilderten Arbeit aufgreift, beschäftigt ihn zur Zeit, im 4. Jahr seiner Therapie: Das Trauern um all das, was er von seinem Vater an gesunder Beelterung nicht bekommen hat – und auch um seine Mutter, die in ihrer Depression so gut wie nicht verfügbar war für ihn. Es besteht nun keine Gefahr mehr, daß er gewalttätig wird. In der Therapie geht es jetzt um das Abschließen der Auseinandersetzung mit den „Schatten der Vergangenheit", um von ihnen ganz frei zu werden. So löst er die Fixierung seines „inneren Kindes", das in Angst und Abkapselung verharrte, auf und kann seine Vergangenheit annehmen als das, was sie war – ohne daß sie noch negativen Einfluß auf seine Gegenwart hat.

7. Der einsame Überarbeiter

Mit dem Problem des Mannes, der zuviel arbeitet und zuwenig Zeit für Partnerschaft und/oder Familie hat, bin ich oft über Frauen, die zu mir in Therapie kommen, konfrontiert. Karriere „muß" gemacht werden, Überstunden sind „notwendig", politische und gewerkschaftliche Aktivitäten „gehören einfach dazu", das Geschäft „erfordert" so viel Arbeit... Viele dieser Frauen vermuten eine außertourliche Beziehung ihres Partners. Manchmal mag so etwas schon dahinterstecken, meistens aber nicht. Oft scheint die Situation rätselhaft: Die Männer klagen darüber, wie viel sie von zu Hause weg sind – und doch gibt es scheinbar keine andere Möglichkeit. Die gescheiterten Ehen von – zum Beispiel – Politikern, Ärzten, Selbständigen sind zahllos.

Unter der Oberfläche – dem gesellschaftlichen Druck, den real hohen Berufsanforderungen, den eigenen inneren Triebfedern (vgl. Kapitel 2) – zeigt sich „Überarbeiten" als ein Muster, alleine zu sein; oder, deutlicher gesagt, sich alleine zu machen.

Wer aber kann Interesse daran haben, sich alleine zu machen – wo doch offenkundig der Mensch ein soziales Wesen ist und wir alle Kontakt, Nähe, Beziehung und Liebe brauchen? Es muß jemand sein, für den – tief innen und weit unter seinem Bewußtsein – Alleinsein letztlich etwas Besseres ist als Nähe (zumindest in seiner Vorstellung).

Alleinsein ist besser als Nähe – damit wird deutlich, daß es hier darum geht, etwas abzuwehren, nämlich eben menschliche Nähe. Dafür kann es in der Geschichte eines Menschen verschiedene Ursachen geben:
– Er kann Nähe erlebt haben als etwas, das ihm nicht genügend Selbständigkeit erlaubte, also als etwas Einschränkendes. Dieses Muster kann oft (Mit-)Auslöser schwerer psychischer Störungen sein, auf die ich hier nicht näher eingehen will.
– Oder – und darum geht es hier – er kann erlebt haben, daß Nähe häufig einhergegangen ist mit der Gefahr, verlassen zu werden.

Das Grundmuster der Beziehungsstörung – denn eine solche ist ja das Vermeiden von Nähe – heißt also: ich brauche zwar Menschen – aber wenn ich mich auf sie einlasse, werden sie mich wieder verlassen. Das erklärt den scheinbaren Widerspruch, daß es wenige Überarbeiter gibt, die von vornherein alleine bleiben – aber viele, die immer wieder alleine enden. Die Frau eines solchen Mannes hat das im Gespräch mit mir auf den Punkt gebracht: „Ich denk' mir manchmal, wenn mein Mann mehr bei mir zu Haus wär', und wir hätten's so schön miteinander, wie wir's uns immer ausmalen – daß das gar nicht so angenehm wär' für ihn, wie er immer sagt. Vielleicht würd' er dann merken, daß er's in seinem Leben eigentlich nie schön gehabt hat . . ."

Bei näherer Erkundung der Lebensgeschichte solcher Überarbeiter finden sich oft viele kleinere oder größere Verlassenheiten. Manchmal sind es auch schwere Verluste – Trennung der Eltern, Tod eines Elternteils, Vaterlosigkeit. Viel häufiger aber sind die „alltäglichen" Verlassenheiten: am Abend allein gelassen; am ersten Kindergartentag allein gelassen; Übersiedlungen; jüngere Geschwister, die den bevorzugten Platz bei der Mutter einnehmen; viel Abwesenheit des Vaters, oft aus beruflichen Gründen (Überarbeiten!); meist ist es dann eine Summe solcher Ereignisse, die das Lebensbild formt: was immer passiert – letztlich bleibe ich allein.

Diese tiefsitzende Angst vor dem Verlassenwerden ist es dann, die den Motor für den eigenen Rückzug darstellt. Ganz ähnlich wie beim „Mann zwischen zwei Frauen" im 4. Kapitel, der Verlassenheit vermeiden will, indem er sich mit mehreren Frauen gleichzeitig (und dadurch mit keiner wirklich) einläßt, will der Überarbeiter Verlassenheit vermeiden, indem er von vornherein wenig oder gar keine Nähe entstehen läßt.

Auch hier ist es – aus der Sicht des Therapeuten – wichtig, nicht einfach am „Symptom" anzusetzen (also zu sagen: „Sie müssen weniger arbeiten!"). Damit würde der Überarbeiter nur verstärkt mit seiner Angst konfrontiert – denn das Mehr an Nähe, das dadurch zeitlich möglich würde, schafft ein Mehr an Gefahr des Verlassenwerdens. Vermutlich würde er sich eine neue, eine

„Ausweich"-Abwehr suchen – wie zum Beispiel eine andere Frauenbeziehung, Angstzustände, Krankheiten, möglicherweise Depressionen oder vieles andere mehr. Daher kommt es auch bei diesem Lebensmuster darauf an, die frühen Wurzeln freizulegen, damit der betreffende Mann sich mit seiner Angst vor der Verlassenheit auseinandersetzen und sie letztlich überwinden kann. Erst dann wird er bereit sein, weniger zu arbeiten und sich mehr Zeit für eine Partnerbeziehung oder Familie zu nehmen.

Bernhard, 29: „Ich geh' zu meinem Computer, der versteht mich wenigstens!"

Bernhard war zwei Jahre bei einer anderen Therapeutin. Er kommt auf eines meiner Therapieseminare mit der Absicht, mich näher kennenzulernen, da er – in Absprache mit seiner Therapeutin – erwägt, seine Therapie bei einem Mann fortzusetzen.

Bernhard definiert sein Problem als „Beziehungsunfähigkeit": er kann zwar durchaus Kontakte mit Frauen knüpfen, auch Beziehungen eingehen – diese gehen jedoch alle nach eher kürzerer als längerer Zeit in Brüche.

Auf dem Seminar flirtet er intensiv mit Frauen und genießt die Situation sichtlich. Dabei ist er durchaus kein „Macho" im klassischen Sinn – eher ein weicher, sensibler Mann mit zumindest an der Oberfläche gutem Einfühlungsvermögen. Gerade auf diese Weichheit scheinen Frauen anzusprechen. In einer Einzelarbeit am zweiten Seminartag untersuchen wir das Problem näher.

Bernhard: Also, ich möcht' gleich vorausschicken, wie weit ich schon mit der R. (bisherige Therapeutin) gekommen bin, damit wir uns da was ersparen. Nämlich mein Muster, wie ich mit Frauenbeziehungen umgehe.

Therapeut: Gut. Erzähl mir, worauf du bis jetzt gekommen bist.

B: Ja, da leide ich nämlich schon drunter. Irgendwie läuft's immer nach Schema F ab: Ich verliebe mich, und nach mehr oder weniger Bemühen die Frau, um die's geht, auch in mich. Und dann ist's eine Zeitlang einfach unheimlich schön – ein paar Wochen vielleicht, manchmal auch nur Tage. Einfach unheimlich schön, so ein wirklich überwältigendes Gefühl ... und dann gibt's da so einen Punkt ... (Pause). Das ist doch was andres, so vor einer Gruppe zu reden als allein mit deiner Therapeutin.

Th: Ja, das ist ein Unterschied.

B: Was soll's. Es kommt also ein Punkt, wo's dann nicht mehr so schön ist, irgendwie ist es dann nicht mehr so wie vorher, beeinträchtigt. Da fang' ich dann an, mich ein bißchen zurückzuziehen – mir kommt auf einmal vor, vielleicht ist das doch nicht das Richtige.

Th: Wann ist das?

B: Ja, eigentlich dann, wenn's scheinbar unheimlich harmonisch ist und ich vorher noch überlege, ob's nicht diesmal was für länger sein könnte ...

Th: An dem Punkt, wo wirkliche Nähe entsteht?

B: Ja, genau, das gefällt mir, genau das hat die R. auch gesagt. Ich, das heißt, ich erleb' das nicht so bewußt, mir kommt eher vor, die Frauen wollen dann nicht mehr so recht, aber ich weiß schon, daß das eher meine Fantasien sind. Und Projektionen. Ich bin dann oft sehr beleidigt und gekränkt, unheimlich gekränkt, und will gar nichts mehr von der Frau wissen.

Th: Aha – das klingt so, als ob's da ganz deutlich einen Anteil von dir gibt – den du schon herausgefunden hast.

B: O ja, das ist genau das, was ich meine. Ich neige dann zu Übertreibungen, ich beobachte dann so ganz genau ... ich meine, das ist jetzt vielleicht unklar, aber ich suche dann nach Beweisen, daß sie mich nicht mehr so mag. Wenn ihre Stimme am Telefon so irgendwie klingt, so anders ... oder sie nicht Zeit hat, oder von einem andern Mann redet.

Th: Bist du dann eifersüchtig?

B: Und wie! Enorm. Und das gibt dann oft auch viel Streit, je nachdem, wie die Frau dann ist, weil das sind ja nicht immer die gleichen Typen.

Th: Und wenn die Situation so ist – wie ist das dann für dich?

B: Wie meinst du?
Th: Wie geht's dir dann?
B: Ja, bei mir ist das andersrum. Meistens beginnt's mit der Arbeit.

Allem Anschein nach ist Bernhard noch nicht bereit, über seine Gefühle zu sprechen. Er wechselt das Thema und kommt auf seine Arbeit zu sprechen. Damit aber gibt er einen wichtigen Hinweis darauf, wie er auch sonst Gefühle abwehrt: über Aktivität.

Th: Mit der Arbeit?
B: Ja, ich bin ja in der Forschungsabteilung in meiner Firma (einem Textilbetrieb), und seit drei Jahren lauft das über Computer. Das ist sozusagen mein Spezialgebiet, oder auch meine Leidenschaft. Wenn ich am Computer sitz', vergess' ich alles um mich herum ... Zeit und Raum gewissermaßen.
Th: Ich versteh' den Zusammenhang mit dem Thema Beziehung noch nicht ganz.
B: Ja, da gibt's oft Probleme. Du kannst dir nicht vorstellen, wie eine Frau auf einen Computer eifersüchtig werden kann. (Lacht) Ja, ich steh' ja auch manchmal um drei in der Früh auf, wenn ich nicht schlafen kann, und setz' mich ins Büro. Es hat Zeiten gegeben, da hab' ich gesagt, der einzige Mensch, der mich versteht, ist mein Computer (lacht).
Th: Es gibt also in Wirklichkeit keinen Menschen, der dich versteht?
B: (Pause) Das stimmt jetzt natürlich nicht wirklich. Aber es hat was für sich. (Pause) Aber diese Zusammenhänge hab' ich in den zwei Jahren bei der R. schon herausgefunden: daß nicht immer nur meine Freundin schuld daran war, daß ich ins Büro gefahren bin oder dortgeblieben bin, weil sie so sauer war – sondern daß sie auch manchmal sauer war, weil ich im Büro war. Und gegenseitig. Ich weiß nicht, kann man das verstehen?
Th: Ich denke schon. Hört sich an wie: arbeite ich so viel, weil meine Beziehungen so schlecht sind, oder sind meine Beziehungen so schlecht, weil ich so viel arbeite.

B: Ja, das kommt hin. Eben, wie gesagt, das hat mich zwei Jahre Therapie gekostet, auf den Zusammenhang draufzukommen. Aber ich weiß nicht recht, was mir das jetzt nützt.

Bernhard weiß gut Bescheid über seine Mechanismen: wie er seine Arbeit dazu verwendet, sich auf keine nähere Beziehung zu einer Frau einlassen zu müssen. Gleichzeitig verwendet er aber dieses Wissen auf eine bestimmte Art gegen sich: er bleibt auf der Ebene des Verstandes, der Logik – und vermeidet damit, sich mit seinen Gefühlen darüber auseinanderzusetzen, daß er im Grunde ein sehr einsamer Mensch ist.

Eben diese Tatsache – daß er mit Logik seine Gefühle blockiert – ist in den ersten Monaten seiner Einzeltherapie, die er bald nach dem Seminar beginnt, im Zentrum des Geschehens: Bernhard weiß immer über alles genau Bescheid, versteht alles, hat sogar auf seinem Computer Programme über seine Mechanismen und sein Beziehungssystem entwickelt. Er begreift (auf der Ebene des Verstandes) ganz genau, was er da tut, wenn er sich mehr und mehr in Arbeit stürzt, statt sich mit seiner jeweiligen Partnerin auseinanderzusetzen – und begreift (auf der Ebene des Gefühls) nicht, wie sehr er darunter leidet.

Sein Computer ist für ihn wie eine Sucht; unermüdlich erfindet er neue Programme und neue Anwendungsmöglichkeiten. Das wiederum verschafft ihm in seiner Firma und unter seinen – wenigen – Freunden ein hohes Maß an Anerkennung. Worum es dabei im Kern geht, wird deutlich, als er wieder in einer Beziehungskrise mit seiner gegenwärtigen Freundin steckt:

B: Und wenn die Franziska dann dasitzt und mich so böse anstarrt und kein Wort mehr herausbringt, dann denk' ich mir, schau du nur, ich geh' einfach zu meinem Sammy (Spitzname des Computers). Und wenn ich dann vor dem Bildschirm sitz', dann brauch' ich keine Franziska auf der Welt. Und wenn die andern in der Früh in die Firma kommen, dann sind sie wieder voll Bewunderung. Und das geht dann so weiter, in meiner Fantasie: in zwei Wochen hab' ich dann wieder eine Schulung für junge Mitarbeiter aus ganz Österreich. Da bin ich wieder in meinem Element – die lieben mich und bewundern mich, wie gut ich bin. Und da gibt's genug Mädels dabei, denen fällt gar nicht ein, mich so bös anzugaffen. Die kann ich haben, wenn ich nur zugreife ...

Th: Und wenn du all das nicht hättest – die Fantasien, den Computer, den Kurs –, wie würde sich's anfühlen, der Franziska gegenüber, wenn sie so schaut?

B (Pause): Verdammt. Grauslich. Hm, mag ich mir gar nicht vorstellen. Wenn ich an die Schulung denk' oder an den Sammy, dann ist mir wohler. (15. Stunde)

Die Beziehung zu Franziska geht wenige Wochen darauf zu Ende. Zum ersten Mal scheint Bernhard unter der Trennung von einer Frau zu leiden. An einem Punkt tief in seinem Inneren ist er mit seiner Einsamkeit und den Gefühlen darüber in Berührung gekommen.

In der Folge schließen wir folgenden Therapievertrag: Bernhard will fähig werden, sich auf eine tiefe Beziehung zu einer Frau einzulassen, die mindestens ein Jahr dauern soll. Er will aufhören, in Arbeit zu flüchten, und ein ausgewogenes Verhältnis von Beruf und Privatleben herstellen können.

In den nächsten Monaten tasten wir uns zurück in Bernhards Lebensgeschichte, in der für ihn sehr vieles im dunklen liegt. Seiner oberflächlichen Erinnerung nach war „im Prinzip alles in Ordnung, eine ganz normale Kindheit halt". Er ist das älteste von fünf Kindern, sein Vater Versicherungsangestellter, seine Mutter Hausfrau. Kernstück der Erzählungen seiner Eltern über ihn ist, daß er ein „kompliziertes Kind" gewesen sei – „sehr lieb, aber kompliziert".

An dem Wort „kompliziert" beginnt sich der Vorhang mit der Aufschrift „ganz normale Kindheit, alles war in Ordnung" allmählich zu heben. Mehr und mehr wird deutlich, daß nicht Bernhard an sich so kompliziert war, sondern (für ihn) die Umstände, in denen er aufgewachsen ist: ganz „normale Alltagsereignisse" – aber für ein Kind in ihrer Häufung ungeheuer kompliziert.

Vier Geschwister wurden in rascher Folge zwischen Bernhards drittem und siebentem Lebensjahr geboren (das zweite und dritte war ein Zwilling). Parallel zu dieser steigenden Überforderung der Mutter (und ihrer immer geringeren Verfügbarkeit für Bernhard, den Ältesten) stieg sein Vater beruflich auf. Das hieß, er war häufig von zu Hause fort, und als Bernhard vier war, überhaupt ein halbes Jahr lang. Die Familie übersiedelte zweimal in ein anderes Bundesland, als Bernhard fünf und als er neun war. Das hieß jedesmal neue Wohnung, neue Kinder, ein neuer Dialekt, eine ganz neue Welt für ihn. Als er sieben war, lag seine Mutter infolge Komplikationen nach der letzten Geburt drei Monate im Krankenhaus. In diesen Jahren war Bernhards Großvater für ihn eine wichtige konstante Bezugsperson, vielleicht die einzige konstante Bezugsperson überhaupt. Er starb, als Bernhard zwölf war.

Das prägende Erlebnis, das sich für ihn wiederholte und wiederholte, war: *alleine bleiben*. Alleine bleiben, wenn die Mutter sich um die Babys kümmern mußte, alleine bleiben, wenn der Vater fort ist, wenn er anscheinend gar nicht mehr kommt, alleine bleiben, wenn die Freunde in einem anderen Bundesland zurückbleiben, alleine bleiben, wenn die Mutter im Krankenhaus liegt, alleine bleiben, wenn der Großvater stirbt.

Das Muster, das Bernhard wieder und wieder erlebt, heißt: Immer, wenn ich jemandem nahekomme, mich mit jemandem einlasse – *bleibe ich letztlich allein*.

Das ist die Schlußfolgerung, die er als Kind für sein Leben zieht. Er beläßt es aber nicht dabei, sondern dreht die Schlußfolgerung gewissermaßen zu einer aktiven Entscheidung um. Das wird in seinem erwachsenen Leben an seinem Beziehungsverhalten deutlich: denn hier ist er es, der verläßt und sich dadurch selbst alleine macht. Er hat also den Spieß umgedreht: er geht, bevor er verlassen werden kann. So vermeidet er – zumindest an der Oberfläche –, daß er den alten, tiefen Schmerz des Alleingelassenseins wieder spüren muß.

Nach etwa eineinhalb Jahren Einzeltherapie lernt Bernhard anhand einer neuerlichen aktuellen Beziehungskrise Schritt für Schritt die Wurzeln seines Dilemmas (Sehnsucht nach menschlicher Nähe bei gleichzeitiger Angst davor) kennen. Zu diesem Zeitpunkt lebt er mit Claudia, seiner Freundin, zusammen. Alles „läuft" wie gehabt: Nach einer intensiven Anfangsphase, in der er sich auch viel um die Beziehung kümmert, widmet Bernhard von Woche zu Woche wieder mehr Zeit seinem Computer. Claudia ist nicht bereit, das zu akzeptieren, es gibt Streit, Bernhard flüchtet erst recht ins Büro.

Zur 70. Stunde – um 8 Uhr morgens – kommt er unrasiert und unausgeschlafen:

B: Entschuldige meine Verfassung, bitte, aber ich hab' beim Sammy übernachtet. Im Büro, mein' ich. Ich komm' direkt von dort.
Th: Aha. Magst du erzählen, wie das gekommen ist?
B: Ja, eigentlich . . . angefangen, ich kann nicht so genau sagen, wie's angefangen hat . . .

Bernhard gibt die detaillierte Schilderung eines „ganz gewöhnlichen" Beziehungskrachs, in dem es um alltägliche Reibereien, Rechthabereien usw. geht – mit all den Verallgemeinerungen und Bösartigkeiten, die dabei gängig sind.

B: Und so hat sich das bis zwei Uhr hingezogen, und dann hat sie gesagt, „so hab' ich mir das nicht vorgestellt", verstehst du, so hat sie sich das nicht vorgestellt. Sie! Wenn das so weitergeht, ist es besser, sie zieht wieder aus, sagt sie.
Th: Was geht da in dir vor, wenn sie das sagt?
B: Weg – nur weg! Das kann ich mir nicht mehr anhören! Wenn sie mir so kommt – dann weg von hier!
Th: Und?
B: Ich hab' sie angeschrien: Bleib doch, wo der Pfeffer wächst! Ich geh' zu meinem Computer, der versteht mich wenigstens! Und Mantel vom Haken, raus aus der Wohnung. Rein ins Auto und in die Firma. Und rauf in mein Zimmer, zum Sammy.
Th: Und was geht da in dir vor, wenn du in deinem Büro vorm Computer sitzt?
B: Ja, ich denk' mir, verdammt noch einmal, hab' mich doch gern! *Hab' mich doch gern! Ich brauch' dich nicht!!* Ich brauch' euch alle nicht!

Th: Ist's für dich in Ordnung, von dem Satz aus ein Stück Therapie zu machen?

B: Ja, klar.

Th: Gut. Dann sieh dich noch einmal im Büro sitzen und sag den Satz noch einmal: Ich brauch' dich nicht!

B: Ich brauch' dich nicht! Ich brauch' dich nicht! Ich – brauch' – dich – nicht!!!

Th: Wie fühlt sich das an?

B: Fast gar nicht – taub, irgendwie. (Pause) Und irgendwie stark – so, ich brauch' nichts und niemand, und sie schon gar nicht.

Th: Was spürst du im Körper?

B: Im Körper – die Schultern werden hart.

Th: Mach das stärker mit deinem Körper – ja, zieh die Schultern zusammen und mach sie hart. Ganz hart.

B (zieht die Schultern hoch und die Arme an den Körper, ballt die Fäuste)

Th: Ja, genau. Mach das noch stärker. Und noch stärker.

B (zieht die Arme ganz eng an den Körper, sein Gesicht wird hart und steinern)

Th: Und wie fühlt sich das an?

B: Hart . . . wird immer härter, und eng, auch im Brustkasten.

Th: Ja. Fühl diese Enge. Mach's ganz stark mit deinem Körper.

B (atmet gepreßt)

Th: Und wenn du zurückblickst in dein Leben als Bub (Pause) – gibt's da eine Szene, wo du dich so, genauso anfühlst im Körper und im Herzen?

B (Pause): Mir – mir fällt ein . . . ich war vielleicht 14 oder 15 . . .

Th: Ja. Geh zurück in dieses Alter. Sei der Bub von 14 oder 15. (Pause) Wo bist du, wenn du 14, 15 alt bist?

B: In meinem Zimmer, oben im Dachboden . . .

Th: Ja. Sei dort in dem Zimmer, Bernhard. Mit 14 oder 15. (Pause) Was ist passiert?

B: Meine Mutter . . . es hat Streit gegeben, ich glaub' wegen der Schule, oder sonst so Scheiß, wegen irgendwas macht die ja immer Wind. Fast jeden öden Tag.

An der Wortwahl ist erkennbar: Bernhard ist zurückversetzt ins Alter seiner Pubertät.

Th: Mhm. Hört sich fies an.
B: Klar, Mensch! Und ich kann sagen, was ich will, sie hört einfach nicht zu. Klebt sich einfach die Löffel zu.
Th: Klebt sich einfach die Löffel zu.
B: Will nicht begreifen, daß ich auch mein Leben brauch', und daß ich erwachsen bin! Fast, halt.
Th: Sie will einfach nicht verstehen.
B: Und ich düs' rauf ins Zimmer – du verdammt blöde Kuh, und knall' die Tür in den Rahmen! Peng! Grrr!
Th: Bist du sauer?
B: Sowieso, Mensch! Verdammt!
Th: Sag ihr das, Bernhard!
B: Verdammte Kuh! Laß mich doch in Ruh', du Kuh!!
Th: Laß mich in Ruh'?
B: Ja!! Bleib mir vom Leib! Ich brauch' dich nicht, verdammt noch einmal!!
Th: Horch auf diese Entscheidung hin, Bernhard. Wenn du mir nicht zuhörst, dann brauch' ich dich nicht.
B: Ja, zum Teufel! Hab mich doch gern!!
Th: Das geht so nicht, Bernhard. So ist es schwer, dich gern zu haben – wenn du dich zurückziehst!
B: Nein, sie soll mich auch gar nicht gern haben! (schlägt mit der Faust)
Th: Das ist der Punkt: sie soll mich gar nicht gern haben!
B: Nein! Nein! Nein! Wer mir so was antut, der soll mich nicht mehr gern haben! Der darf mich nicht gern haben!
Th: Und du?
B: Den mag ich nicht! Nein! Nein!

Bernhard scheint eine tiefere Regression vorzubereiten: Von der deftigen, ausdrucksstarken Sprache eines Pubertierenden wechselt er zur Ausdrucksweise eines Kleinkinds – mit dem häufigen Gebrauch des Wortes „nein" und der rigiden Aufteilung der Welt in Gut und Böse bzw. „mögen" und „nichtmögen", ohne Zwischentöne.

Th: Bleib bei dem „Nein!", Bernhard.

B: Nein! Und nein!!! (schlägt auf ein Kissen, das ich ihm hinhalte). Ich mag sie nicht! Ich mag sie nicht!

Th: Sag's ihr!

B: Ich mag dich nicht! Ich mag, mag, mag dich nicht! Du bist blöd! Blöde Mama! (sehr wütend)

Th: Was tut sie denn Blödes?

B: Immer um den kleinen Bruder kümmern.

Th: Du hast einen kleinen Bruder bekommen?

B: Ja. (Pause) Den hab' ich lieb.

Th: Du hast ihn lieb?

B (schiebt die Unterlippe vor): Hmmm ...

Th: Wie alt bist du denn, wenn dein kleiner Bruder auf die Welt kommt?

B: Weiß nicht ... zwei ...

Th: Mhm. Was tust du denn, wenn deine Mama sich um den kleinen Bruder kümmert?

B: Hauen – beißen!

Th: Den kleinen Bruder?

B: Ja!!

Th: Weil er dir die Mama wegnimmt?

B: Brauch' keine Mama!

Th: Das stimmt nicht, Bernhard. Zweijährige Buben brauchen eine Mama. Sehr dringend.

B (Pause): Aber sie hat mich eingesperrt.

Th: Weil du den kleinen Bruder haust?

B: Weil sie mich nicht liebhat – nur ihn!

Th: Das schaut für dich so aus. Das glaub' ich dir. (Pause) Und jetzt bist du eingesperrt – und die Mama ist ganz weit weg.

B: Blöde Mama! Blöde!! (er zieht den Körper zusammen wie zu Beginn der Arbeit)

Th: Und du bist da eingesperrt. Ganz allein. Und deine Mama kommt nicht, auch wenn du nach ihr schreist.

B (seine Augen füllen sich mit Tränen)

Th: Und du glaubst, daß sie dich nicht mehr mag – nur den kleinen Bruder.

B (leise): Mama!

Th: Ja, Bernhard. Fühl das, wie du die Mama brauchst.
B: Mama! (lauter) Mama!!! (fängt an zu schluchzen) Maaaamaaaa!!! Maaaamaaaa! (schreit und weint sehr laut). Ich brauch' dich! Ich brauch' dich sooooo!
Th: Ja, Bernhard! Du bist noch so klein!
B: Ich bin ja noch so klein, Mama! Laß mich nicht allein! Laß mich nicht allein! Ich bin noch nicht groß! (unter Schluchzen) Ich versteh's einfach nicht, Mama – für mich gibt's auf einmal keinen Platz, ich darf nicht mehr auf deinen Schoß! Mama! Ach, Mama! (weint) Mama! (wird langsam leiser)
Th (berührt Bernhard beim Arm): Gib jetzt nicht auf, Bernhard! Kämpf um deine Mama!
B: Mama ...
Th (hält ihm ein Kissen hin, zieht es ein Stück weg, als Bernhard danach greift, jedoch nicht aus seiner Reichweite. Bernhard will mehrmals resignieren, als das Kissen jedoch immer wiederkommt, greift er heftiger danach)
B: Mama! So bleib doch da!
Th: Kämpf um sie, Bernhard! (wiederholtes Hin und Weg mit dem Kissen)
B (packt das Kissen mit beiden Händen): Jetzt bleib endlich da! Bleib da, bleib da, bleib daaaa! Grrr! *Bleib da!!!* (reißt und zerrt am Kissen, beißt hinein)
Th: Ja, Bernhard!! Spür die Wut! Beiß!!
B kämpft heftig mit dem Kissen, beißt hinein): Und – du – bleibst – jetzt – endlich – da! Da!!! Bei mir!!! Ich brauch' dich! Ich – brauch' – dich!!! *Ich brauch' dich!!!* Oh, mein Gott, ich brauch' dich so! (fängt wieder an zu weinen)
Th (legt ihm die Hand auf den Rücken). Ja, Bernhard, laß das kommen. Und merk', wie du deine Mama brauchst. (Lange Pause, Bernhard weint heftig) Und wie du überhaupt andere Menschen in deiner Nähe brauchst – so wie wir alle.
B (nach längerer Pause, hebt den Kopf und sieht mich unter Tränen an): Und damals hat das begonnen ...
Bernhard ist aus der Regression zurück, er ist wieder der erwachsene Mann von heute.
Th: So ist es, Bernhard. Damals hast du begonnen ...

B: ... zu sagen: ich brauch' euch alle nicht! Und seit damals bin ich allein ... Oh, mein Gott, wenn sie wüßte, was sie mir angetan hat!

Th: Und möglicherweise hat sie keine große andre Wahl gehabt. Weißt du, es ist sehr, sehr schwierig für eine Mutter mit einem Baby und einem Zweijährigen, der so eifersüchtig und so verletzt ist.

B: Kann sein, daß sie ganz schön überfordert war ...

Th: Kann gut sein. Das ändert nichts daran, wie sehr du sie gebraucht hättest und wie sehr *du* überfordert warst – als Zweijähriger.

B: Ja. Und es geht ja nicht darum, wer Schuld hat ... obwohl, da ist noch viel Zorn für sie!

Th: Das darf gut sein, Bernhard.

B: Ja, ich werd' schon noch eine Zeit brauchen, bis ich ihr verzeihen kann ...

Th: Das ist in Ordnung so, Bernhard. Eins nach dem andern.

B: Ich kapier' schon, daß ich's ab da den Leuten nicht mehr einfach gemacht hab', mich liebzuhaben. Und ich kapier' auch, daß die Claudia da oft ganz schön darum kämpft und ich sie ganz schön anstehen laß.

Dieser „Transfer", die Umsetzung der neuen Entscheidung ins Leben von heute, ist dann das Thema der nächsten Stunden; Bernhard reduziert seine Stunden am Computer und beschließt, aus einem Konflikt nicht mehr zu flüchten, sondern ihn durchzustehen. Das ist der Punkt, an dem er zur Zeit in seiner Therapie steht. Sicher wird er noch einige Zeit brauchen, auch um sich mit den Punkten in seinem Leben auseinanderzusetzen, an denen er seine alte Entscheidung („ich brauche niemanden") verstärkte (Abwesenheit des Vaters, dann der Mutter, Übersiedlungen, Tod des Großvaters). Aber mit der in der Regression getroffenen neuen Entscheidung „ich brauche dich!" hat er einen entscheidenden Schritt aus seinem Muster „Einsam und überarbeitet" getan.

PHASE 4: INTEGRATION

8. Gibt es ein Leben nach der Therapie?

Es ist eine lange Reise durch das Seelenleben und die Schicksale verschiedener Männer, die wir hinter uns haben. Vielleicht stellen sich jetzt für Sie als Leser Fragen wie: Hat das alles jemals ein Ende? Wieviel muß ein Mensch aufarbeiten, um „normal" lebensfähig zu werden? Entsteht nicht eine unlösbare Abhängigkeit vom Therapeuten? Und: Ist es überhaupt möglich, ohne Therapie zu leben – wenn man einmal damit begonnen hat?
Lassen Sie uns zur Antwort auf diese Fragen noch einmal zu Fritz zurückkommen, den wir im ersten und vor allem im zweiten Kapitel kennengelernt haben – um den Abschluß seiner persönlichen Therapiereise zu erleben.

Fritz, (mittlerweile) 30: „... aber es lohnt sich!"

Zur Erinnerung: Zu Beginn seiner Therapie lebt Fritz in einer Beziehung, die ihm nicht sehr wichtig ist, und fühlt sich einsam und depressiv. Er steht beruflich unter hohem Druck, und er trinkt viel Alkohol, um sich mit seinen Problemen nicht wirklich auseinandersetzen zu müssen. Seine wichtigsten Therapieziele sind:
– das Trinken aufzugeben,
– einen Beruf zu finden, der ihm Spaß macht (und dazu sein Konkurrenzdenken und -verhalten aufzugeben),
– in einer eigenen Wohnung, weg von seiner Mutter zu leben
– und eine echte Beziehung zu einer Frau aufzubauen.
Im ersten Jahr der Therapie stehen der Ärger – und dahinter die Traurigkeit – über die Kränkungen und Verletzungen in seinem Beruf und das Trinken im Vordergrund. Wie besprochen, schließt sich Fritz einer Gruppe der Anonymen Alkoholiker an; das hilft ihm verhältnismäßig rasch, mit dem Alkohol aufzuhören, obwohl er in dieser Zeit alle paar Wochen kurzfristig rück-

fällig wird. Einer seiner inneren Mechanismen wird dabei deutlich: seine „innere Mutter", die sich bei allen Arten von beruflichen Problemen einschaltet und ihm signalisiert: Fritz, du bist ein Versager, du wirst niemals Nummer eins! Und gleichzeitig: Streng dich an, so sehr du kannst, und fühl ja keine Traurigkeit über das alles!
Nach etwa zehn Monaten Therapie trifft Fritz die Entscheidung, diesen Mechanismus, mit dem er sich selbst depressiv macht, zu überwinden. Das ist der Punkt des „Vorbereitens der Neuentscheidung"; in Fritz' Worten (31. Stunde):

Fritz: Ich glaub', ich hab' das gar nie kapiert, wie depressiv ich bin. Arbeiten, alles, alles wegstecken, arbeiten, arbeiten – und am Schluß doch nur ein Versager sein . . .
Therapeut: Und wenn Sie das so vor sich sehen?
F: Was soll ich sagen? Soll ich sagen, Schluß damit? Ja, Schluß damit? Es reicht! Genug!

So kommt er allmählich an den Schmerz darüber heran, wie sehr ihn seine Mutter innerlich allein gelassen hat. Alles, was zählte, war hart sein und Leistung – für ihn als Person, als Mensch, mit allem, was dazugehört, hat seine Mutter wenig Interesse gezeigt. Die Gefühle darüber, Wut, Traurigkeit, Angst, sind zentral im zweiten Jahr der Therapie. Inzwischen hat Fritz das Trinken ganz eingestellt und denkt in dieser Zeit auch selten daran.
Auf eigenen Wunsch geht er eine kurze Zeit lang in eine laufende Therapiegruppe, fühlt sich dort aber den anderen Teilnehmern sehr unterlegen und stellt sich unter Erfolgszwang („Die kommen alle so gut voran – und ich?"). Es wird deutlich, daß er sein Leistungs- und Konkurrenzproblem („Nummer eins sein") in der Gruppe fortsetzt und zu diesem Zeitpunkt innerlich noch nicht bereit ist, es zu lösen. Daher gehen wir wieder zu ausschließlicher Einzeltherapie über.
Fritz hat zu dieser Zeit immer wieder vorübergehende Beziehungen zu Frauen, bei denen meistens Aspekte wie „nicht ganz allein" oder „sozial besser anerkannt sein" im Vordergrund stehen – und in denen er in gewisser Weise immer wieder die Situa-

tion seiner Kindheit zwischen sich und der Mutter wiederholt. Besonders deutlich wird das am Kontakt zu Renate, zu der er etwa ein halbes Jahr lang eine Beziehung hat. Sie sieht zwar sein berufliches Problem, rät ihm aber immer wieder, sich doch selbständig zu machen, es in der Werbebranche zu versuchen – ein Vorschlag, der für Fritz aus vielen Gründen undurchführbar ist. Da er also nicht auf Renates Empfehlungen eingeht, hält sie ihn für unbelehrbar, für willensschwach, für – ohne dieses Wort zu gebrauchen – einen Versager. Für Fritz wiederholen sich die alten Empfindungen des Nicht-verstanden-Werdens und des Alleingelassen-Seins: „Sie interessiert sich nur für mich, wenn ich spure – sonst bin ich nichts wert."

Mit diesem Thema setzt er sich zu Beginn des dritten Therapiejahres intensiv auseinander. Schließlich trifft er eine Neuentscheidung:

„Ich will und werde leben, und ich will liebgehabt werden und werde mich auch liebhaben lassen – egal, ob ich Nummer eins bin oder nicht!"

Einige Wochen später modifiziert er das in einer weiteren Neuentscheidung:

„Nummer eins zu werden ist mir nicht mehr wichtig – ich will Spaß am Leben und am Arbeiten haben und Erfolg im Beruf, egal, wie gut oder schlecht die andern sind!"

Das sind Entscheidungen, die Welt der Konkurrenz und der Einsamkeit zu verlassen und seine eigenen Ansprüche zum Maßstab zu machen – nicht mehr die (wirklichen oder fantasierten) anderer Menschen. Das bedeutet eine deutliche innere Trennung von der Mutter, ebenso von Renate. Von beiden trennt er sich auch „äußerlich", d. h. räumlich. Er beendet die Beziehung zu Renate, und er zieht in eine eigene Wohnung, weg von der Mutter. Den Kontakt zu ihr bricht er zu diesem Zeitpunkt vollständig ab. Die neue Wohnung macht Fritz viel Freude; er lebt auf und beginnt, sein eigenes Leben zu führen und auch zu genießen.

In der Folgezeit macht er eine Entwicklung, die in dieser Phase – wenn wichtige Neuentscheidungen getroffen, die Therapie aber noch nicht beendet ist – häufig ist: er zieht sich ganz auf sein neues Lebensgefühl, seine neuen Selbstwert zurück. Andere Menschen werden ihm nur mehr am Rande wichtig, und auch dann nur im Interesse seiner eigenen „Selbstverwirklichung".

Er hat sein „Ich" entdeckt, das er so lange gesucht hat – und will es ohne Rücksicht auf Verluste voll und ganz ausleben. Das führt zu neuen Konflikten und Konfrontationen in seinem Leben. Auf mein Anraten hin geht Fritz wieder für ein dreiviertel Jahr in eine Therapiegruppe. Dort arbeitet er wenig an seinen Themen (Arbeit, Mutter) – er erlebt jedoch mit steigender Fähigkeit zur Anteilnahme andere Menschen in ihrer Entwicklung, ihren Gefühlen und ihrer Verletzlichkeit. Dadurch entwickelt er eine neue Art des Verständnisses für andere – bei gleichzeitiger Aufrechterhaltung seines Selbstwertgefühls. Von „wenn ich zu irgend etwas kommen will, muß ich die anderen wichtiger nehmen als mich" über „die anderen sind nicht wichtig, ich bin mir selbst wichtig genug" kommt er zu einer Haltung „ich bin (mir und überhaupt) wichtig – und andere sind (mir und überhaupt) auch wichtig".

In dieser Zeit nimmt er auch wieder Kontakt zu seinem Vater auf, der sich von der Mutter scheiden hatte lassen, als Fritz drei war. Dadurch wird in der therapeutischen Arbeit eine weitere Ebene des Verlassenseins, der Traurigkeit und des Schmerzes zugänglich: „Wenn der Vater dagewesen wäre, hätte er meine Mutter einbremsen können in ihrem Leistungsdenken. Aber auch er hat sich nicht für mich interessiert. Auch für ihn war ich nicht wichtig. Ich merk' erst jetzt, wie ich ihn vermißt hab'!"

Die ganze Zeit über waren Fritz' Probleme in der Arbeit, in seinem Büro, zwar nicht verschwunden, aber er konnte einigermaßen damit umgehen. Gleichzeitig wuchs sein Wunsch, endgültig die Stelle zu wechseln. Nachfolgend ein Auszug aus der 111. Stunde:

F: Weißt du (inzwischen sind wir per Du), ich geh' zwar nicht mehr hinein und glaub', die wollen mir an den Kragen. Das nicht mehr. Aber was ich für Aggressionen gegen meinen Chef hab', wie sich die immer mehr steigern, das kann ich dir nur flüstern. Es reicht wieder einmal, so ganz und gar. Gestern, ich muß es dir gestehen, und ich schäm' mich auch, gestern halt war ich wieder soweit! Ich bin rausgegangen und hab' mir gedacht, so, aus, ein Schluck Bier muß her!

Th: Und dann?

F: Na ja, ich hab's schon noch abwenden können. Soviel Kontrolle hab' ich noch über mich. Aber wenn der weiter so herumnörgelt ...

Th: Dann?

F: Dann ... was nützt's mir, alle möglichen Dinge mit meiner Mutter und meinem Vater zu bearbeiten und so weiter ... der Kerl ist und bleibt einfach ein Schwein!

Th: Und wenn er ein Schwein ist, dann mußt du trinken?

F: Müssen, müssen tut man nie, aber was sonst? Ich kann ihn nicht ändern!

Th: Was für Gefühle möchtest du runtertrinken?

F: Na ja, das Übliche. Es tut mir natürlich weh, wenn der so mit mir umspringt. Aber das kann ich ihm natürlich nicht sagen.

Th: Das dürfte nicht ratsam sein. Was gibt's für andere Möglichkeiten, mit deinen Gefühlen umzugehen, wenn du sie nicht gleich zeigen und zulassen kannst?

F: Hm ... wenn ich das wüßte ...

Th: Magst du darüber nachdenken?

F: Hm ... wem andern sagen?

Th: Das ist eine Möglichkeit.

F: Was ich mir auch gedacht hab', ist, vielleicht einen Waldlauf machen und meine Wut so richtig rausschreien, wenn niemand weit und breit ist.

Th: Gute Idee! – Wie wär's mit einer Verbindung – die Gefühle nicht nur sagen, sondern auch ausdrücken, und nicht allein damit sein?

F: Ja, wem? Ich merk' dann halt schon, daß ich immer noch recht allein bin. Höchstens dir könnt' ich sie zeigen.

Th: Ja. Für mich ist das in Ordnung.

F: Aber bis zur nächsten Stunde ist es oft lang.

Th: Stimmt.

F: Wenn ich dich anrufen könnt' und so richtig losschimpfen?

Th: Ja! Gern. Du kennst ja die Zeiten, wo ich telefonisch zu erreichen bin. Ich ruf' dich auch gern so bald wie möglich zurück, wenn du's auf den Anrufbeantworter sprichst.
F: Sehr gut! Weißt du, so akut ist's ja in den seltensten Fällen, meistens komm' ich schon zurecht bis zur nächsten Stunde, aber wenn's dringend ist ...
Th: Vollkommen klar!
F: Aber langsam wird's schon Zeit, das merk' ich, daß ich mir auch wirkliche Freunde finde. Damit ich da auch mehr Alternativen hab'.
Th: Finde ich eine gute Idee. Wie wär's, wenn wir das Thema Freunde in der nächsten Zeit ausführlich besprächen?
F: Einverstanden. Das sagt mir jetzt sehr zu!
Th: Ich möcht' dir noch gern einen Spruch sagen, den ich mal bei einem Therapeuten groß an der Tafel stehen sehen hab': Mut zur Wut statt Flucht in die Sucht!
F (lacht): Das ist gut! Mut zur Wut ... das schreib' ich mir auf!

Wenige Wochen darauf findet Fritz eine neue Stelle bei einer Versicherung und kündigt seine bisherige. Bis zu seinem ersten Arbeitstag im neuen Büro sprechen wir viel darüber, wie er seinen Neubeginn selbst gestalten kann (123. Stunde).

F: Manchmal packt mich schon die Angst, es könnt' wieder genauso werden wie bis jetzt. Wieder die gleiche Feindseligkeit, der gleiche Alltagstrott und so.
Th: Was könntest du beitragen, daß es wirklich wieder so wird?
F: Na ja, eh das Bekannte, reingehen und alle für Feinde halten und so. Nummer eins sein wollen. Kennen wir alles.
Th: Ja, das kennen wir. Ich denk', es ist schon normal, daß sich in einer neuen Situation, so wie dieser, die alten Mechanismen wieder zu Wort melden.
F: Das ist es ja, was ich befürcht'.
Th: Laß es uns einmal in der Fantasie durchspielen.
F: Ja, gut.
Th: Gut. Schließ für einen Moment die Augen und stell dir vor, es ist dein erster Arbeitstag bei der XY-Versicherung. Du betrittst das Gebäude ... was geht da in dir vor?

F: Mmm ... bißchen mulmig im Bauch ... denk', ob ich das wohl können werd' ...
Th: Was wird deine Arbeit sein?
F: Schadensreferent ...
Th: Mhm. Weißt du, was du da tun mußt?
F: Nicht so genau. Aber ich werd' eingeschult, die erste Zeit.
T: Aha? Weißt du, von wem?
F: Ja. Mit der hab' ich schon geredet.
Th: Es ist eine Frau.
F: Ja.
Th: Ist dir das lieber – oder weniger lieb als ein Mann?
F: Irgendwie lieber, nein, nicht irgendwie. Ist mir lieber. Ist vielleicht blöd, aber spontan glaub' ich, daß ein Mann eher ein Rivale für mich wär'. Zumindest würd' ich's leichter so sehen.
Th: Aha! Gut für dich, wenn du die Gegebenheiten für dich nutzen kannst. Und wenn sie so sind, daß es leichter für dich wird.
F: Ja ...
Th: Gut. Du betrittst das Gebäude, und du weißt, wer dich einschulen wird. Und wahrscheinlich kommst du mit ihr auch gut zurecht.
F: Ja. Ich geh' zum Lift. Irgendwie ist mir jetzt leichter. Aber so ganz, ich mein', ich fühl' mich schon angespannt.
Th: Ja. Ist auch eine spannende Situation.
F: Das ist wahr! (lacht)
Th: Ich denk', das ist eine Illusion, daß du immer und überall locker und entspannt und easy sein kannst. Manchmal ist's ja auch anspannend im Leben.
F: Ja, stimmt. (Pause) Ich denk' mir, das ist ja nicht nur blöd. Da ist ja meine Aufmerksamkeit auch größer – wenn ich mich halt nicht nur völlig überspann'.
Th: Stimmt.
F: Ja, und jetzt steig' ich in den Lift.
Th: Wie fühlt sich das an?
F: Irgendwie – ja, gewachsen, würd' ich sagen. Ich bin der Situation gewachsen, ich fühl' mich ruhiger. Es ist nicht grad

ein Erholungsurlaub, aber ich komm' damit zurecht. Doch, da bin ich mir sicher.

Th: Sehr gut! Ich trau' dir das auch zu, daß du damit zurechtkommst!

F: Ja ... jetzt komm' ich meine Abteilung, in mein Büro .. Das ist jetzt ganz wichtig, wie die anderen dreinschauen.

Th: Deine Kollegen?

F: Ja! Wenn die feindlich dreinschauen, dann wird's kritisch ...

Th: Wie kannst du merken, daß die feindlich schauen?

F: So am Blick ... so etwas ist dann im Blick.

Th: Und dann weißt du, daß sie feindlich sind?

F: Ja.

Th: Nein. Fritz. Das kannst du vom Blick her nicht wissen. Du kannst es fantasieren.

F: Hmmm ... aber gibt es nicht richtige Fantasien?

Th: Natürlich gibt es die. Wie kann ich draufkommen, ob meine Fantasien der Wahrheit entsprechen oder nicht?

F: Indem ich nachfrag'. Das wär' aber nicht so witzig, gleich in den ersten fünf Minuten: Entschuldigung, Sie schauen so feindlich, sind Sie das auch?

Th (lacht): Kommt mir auch so vor.

F: Hm, dann ... muß ich sie einfach schauen lassen, wie sie schauen. Vielleicht sind sie feindselig, vielleicht bild' ich mir was ein. Schauen werden sie, das ist klar, wenn ein Neuer kommt.

Th: Das denk' ich auch.

F: Ja, mir bleibt nur, einfach „Guten Morgen" sagen, mich vorstellen und mich um meine Arbeit kümmern. Die Kontakte und alles andere, das werd' ich dann schon sehen.

Th: Sehr gut, Fritz!! Wie fühlt sich das an?

F: Gut, so wie vorher. Ich bin der Sache schon gewachsen.

Th: Gut! Und wenn deine Mutter dabei wäre – was würde die dazu sagen?

F: Die –? Daß ich mich jetzt zusammenreißen muß wie verrückt und daß das meine letzte Chance ist. Ich soll dran denken, den Generaldirektor bald zu beerben (lacht).

Th: Und was denkst du drüber?

F: Schmarren! Das mit dem Generaldirektor vergess' ich sowieso, und außerdem bin ich 29, da hab' ich noch eine Menge Chancen im Leben. Wenn's da wirklich nichts wird. Und das ist ja überhaupt nicht gesagt.

Th: So ist es. Ich find' das sehr klar, wie du zu der inneren Mutter, zur Mutter in dir, auf Distanz gehst. – Wie geht's dir jetzt mit dem Gedanken an deinen ersten Arbeitstag nächste Woche?

F: Ja, ich bin mir um einiges sicherer geworden. Ich denk', so wird das ganz gut gehen, ich meine, so werd' ich an die Situation herangehen. Aber – was mir wichtig ist, in der ersten Zeit möcht' ich gern laufend mit dir drüber reden, wie's läuft, was sich für Probleme stellen – damit wir da rechtzeitig einhaken können. Okay?

Th: Sehr gut! Ich find's sehr wichtig, daß wir drüber regelmäßig reden. Und auch, daß du mich darum fragst – denn das ist ja auch ein Schritt aus dem alten Muster: mit allem allein fertig werden.

Fritz' Einstieg in die neue Firma geht gut; er arbeitet sich schnell ein und entwickelt eine große Portion Lebensfreude.

An dieser Stelle eine kurze Bemerkung: Vielleicht entsteht aus dieser gerafften Darstellung der Eindruck, Fritz' Entwicklung sei glatt und geradlinig verlaufen. Das war nicht so; es gab Vor und Zurück, Stockungen, oft über Monate hinweg. Zeiten, in denen er voller Wut auf mich war, wechselten mit großer Euphorie, dann kamen wieder Enttäuschungen. Oft und oft versuchte Fritz, sich an seine Gefühle heranzutasten – und scheiterte. Was hier in diesen Zeilen zusammengefaßt ist, ist die Hauptrichtung des Prozesses; aber dieser Prozeß war für Fritz nicht immer nur erfolgreich und geradeaus; oft genug empfand er ihn als qualvoll und belastend.

Gegen Anfang des 4. Therapiejahres wird für uns beide deutlich, daß Fritz' Therapie dem Ende entgegengeht. Besonders intensiv tritt das auf einem Therapiewochenende zum Vorschein, das sich um das Thema „Trennen, Verabschieden, Versöhnen" dreht. Dorthin kommt Fritz mit dem Wunsch, sich noch einmal mit seiner Mutter auseinanderzusetzen. Das Kernstück seiner Arbeit auf dem Seminar verläuft wie folgt:

F (zur Mutter auf dem Stuhl): Mama, ich hab' so viel gearbeitet mit dir in den letzten Jahren. Ich hab' dich seit über einem Jahr kaum mehr gesehen, und es geht mir gut ohne dich. (Pause) Aber trotzdem . . .

Th: Trotzdem?

F: Trotzdem gehst du mir nicht aus dem Kopf. Trotzdem ist da noch was offen, Mama.

Th: Wie merkst du, daß für dich noch was offen ist, Fritz?

F: Ich – wie soll ich sagen . . . ich hab' hier Leute gesehen Verabschiedungsarbeit machen. Ich möcht' mich von dir verabschieden, Mama. (Pause)

Th: Sag ihr, was genau du damit meinst.

F: Davon verabschieden, davon loskommen, wie es war mit dir . . . davon, daß ich auch heut noch manchmal hoff', daß du kommst und alles gutmachst (schluckt). Ich möcht' mein eigenes Leben führen – aber ich weiß nicht, ob ich dir noch bös sein möcht', Mama.

Th: Dann stell dir vor, sie sitzt vor dir – und du siehst sie zum letzten Mal in deinem Leben. Und jetzt sind noch fünf Minuten Zeit, ihr all das zu sagen, was dir wichtig ist – und was nie gesagt wurde.

F (Pause): Ach, Mama! Warum hat's zwischen uns nicht gutgehen können? Warum? Kannst du mir das sagen? Warum hast du mir so weh getan?

Th: Was fühlst du, wenn du das sagst?

F: Eine Mischung aus Resignieren und Zorn.

Th: Willst du dich den Zorn spüren lassen?

F: Verdammt, ja! Du – du Scheiß von einer Mutter! Einen Scheiß hab' ich von dir gehabt! Wie sagst du doch so schön: Du hast ja immer noch deine Mama – ja, einen verdammten dreckigen Scheiß!! (sehr wütend)

Th: Ja, Fritz, sag ihr das!

F: Nie, nie, nie hast du auch nur einen Moment Zeit gehabt – nie!! Nie mich einfach in den Arm genommen – ich könnt'

dich umbringen! Ahhh! (stampft mit den Füßen, ballt die Fäuste) Ich bin so wütend auf dich! Nie, nie, nie!!
Th: Nie warst du für mich die Mama, die ich gebraucht hätte.
F: Ja, nie!
Th: Und sag ihr, was für eine Mama du gebraucht hättest.
F: Ach, Scheiß. Nie auch nur einen Moment Zeit! Ich bin so – ich hab' so einen Haß!

Fritz' Zornesäußerungen werden mechanisch und stereotyp. Das ist ein Zeichen dafür, daß er zögert, auch Traurigkeit und Schmerz zuzulassen. Möglicherweise steckt er in seinem alten Muster (s. Kapitel 1): Wütendsein ist erlaubt, Traurigsein nicht.
Ich probiere es damit, die alte mütterliche Botschaft in ihm anzusprechen:

Th: Ja, Fritz, Indianer kennen eben keinen Schmerz.
F: Ja, genau! Das hat sie immer gesagt! (zum Stuhl) Das hast du immer gesagt! Ich haß dich so!!
Th: Sie hat gelogen, Fritz. Die Indianer sind nicht so wie bei Karl May. Die sind Menschen mit einer sehr intensiven Beziehung zu ihren Gefühlen, die sehr ausführliche Trauerrituale kennen. Gerade Indianer kennen den Schmerz. Die haben sich sehr ausführlich Zeit genommen, zum Beispiel ihre Toten zu betrauern.
F: Ja? Sie hat gelogen?
Th: Ja, Fritz. Indianer kennen den Schmerz. Indianer dürfen weinen. Und weiße Buben und weiße Männer dürfen's auch.
F: Oh, Mama! Wenn du gewußt hättest ... daß ...
Th: Wie sehr du sie liebgehabt hast?
F: Oh, Mama! Ich hab' dich so liebgehabt, so lieb! (fängt zu weinen an) Oh, Mama! Es tut so weh! Es tut so weh, wenn ich einfach liebgehabt werden möcht' – und du redest von Nummer eins ... und du hast keine Zeit, keine Zeit ...
Th: Ja, Fritz. Das tut sehr, sehr weh.
F: Oh, meine Mama! (weint heftig) Und all das ist vorbei, vorbei! Nie mehr wird's das in meinem Leben geben, Mama!

Th: Ja, Fritz. Weißt du, darüber traurig sein, was nicht war, ist eine Sache, und die tut weh. Und manchmal tut's noch mehr weh, zu merken, daß es auch nie mehr sein wird.

F: Ja! (weint)

Th: Die Hoffnung aufzugeben tut oft noch mehr weh.

F: Oh, ja!! Aber, Mama, für mich ist's noch nicht zu spät! Ich werd' Menschen finden, die mich liebhaben! Aber... (Pause)

Th: Aber nicht mehr wie eine Mama.

F: Nein. Das ist vorbei.

Th: Das ist vorbei.

F: Oh, Mama!

Th: Es ist Zeit, Abschied von ihr zu nehmen, Fritz.

F: Oh, Mama! Es ist wirklich vorbei! (weint) Aber auch das Wehtun ist vorbei... Ich muß nicht mehr leiden, weißt du? Weißt du, Mama, es wär' sehr schön gewesen... sehr schön, aber es war nicht. Ich leb' jetzt mein eigenes Leben, Mama, ohne dich. Ich bin jetzt erwachsen.

Th: Willst du ihr Lebwohl sagen?

F: Ja. Mama, leb wohl. Du lebst dein Leben, und ich leb' meins. Und manchmal wird's noch weh tun – aber damit kann ich leben.

Th: Das kannst du, Fritz. Und auch gut leben.

F: Ja, sicher. Ich – ich seh', daß du auch nur ein Mensch bist, Mama. Und obwohl's unverzeihlich ist, daß du keine richtige Mutter für mich warst –

Th: Du mußt ihr nicht verzeihen, Fritz. Es genügt auch, wenn du dich verabschiedest.

F: Ja, aber ich will ihr auch gern verzeihen. Mama, alles kann ich dir nicht verzeihen, aber vieles. Ich kann akzeptieren, daß es so war, wie's halt war. Du bist auch nur ein Mensch, und ein sehr einsamer dazu. Manchmal tust du mir leid. Ja, richtig leid. Leb wohl, Mama – vielleicht werden wir uns wiedersehen. Aber ich werd' mir nicht mehr wünschen, daß du die Mama für den kleinen Fritz bist – und ich ein erwachsener Mann. Mach's gut, Mama! (seine Stimme zittert)

Th: Und du ein erwachsener Mann. Wie fühlt sich das an?

F: Gut. Gut fühlt sich's an. Wie wenn eine Wunde verheilt.
Th: Das ist ein gutes Bild. Dann bleibt zwar eine Narbe, aber der große Schmerz ist weg.
F: Genau. Und manchmal tut's ein bißchen weh, aber nur ein bißchen.

In der Folgezeit nimmt Fritz wieder Kontakt mit seiner Mutter auf. Es wird keine herzliche Beziehung daraus, aber doch ein normaler Kontakt zwischen zwei erwachsenen Menschen, die sich hin und wieder sehen. Ein ähnliches Verhältnis hat er zu seinem Vater bereits erreicht.

Der letzte offene Punkt in Fritz' Therapiezielen ist die Beziehung zu einer Frau, in der Liebe und Nähe Platz haben können. Er merkt, daß er zum gegebenen Zeitpunkt noch nicht reif dafür ist und noch etwas Zeit braucht. Er probiert Kontakt mit Frauen auf verschiedenen Ebenen aus – Freundschaft, Flirt, Kollegialität, ohne sich auf eine überhastete Beziehung oder flüchtige, oberflächliche Sexualkontakte einzulassen.

Auf seinen Wunsch dehnen wir den Zeitraum zwischen den Therapiesitzungen auf 2 bis 3 Wochen aus, damit er erproben kann, auf „eigenen Füßen" zu stehen. Die Abstände werden allmählich immer größer, schließlich pausiert er den Sommer über drei Monate mit der Therapie.

Die Stunde danach ist die 143., seit dem Beginn von Fritz' Therapie sind gut vier Jahre vergangen.

Fritz erzählt von seiner Arbeit, die ihm Spaß macht. Zeitweilige Konflikte mit den Kollegen kann er gut lösen. Er hat einen Kreis von etwa zehn Freunden (beiderlei Geschlechts), mit denen er in unterschiedlicher Intensität Kontakt hat und von denen ihm drei sehr nahestehen.

Th: So, du hast das meiste von deinen Zielen erreicht.
F: Ja! Und das ist sehr, sehr schön für mich, das möcht' ich dir gern sagen. Das, was noch fehlt, die Beziehung zu einer Frau, das geht mir manchmal schon sehr ab. Manchmal fühl' ich mich da einsam. Aber ich denk' mir, das wird noch werden, das braucht noch ein bißchen Zeit. Aber ich hab' so das Gefühl, langsam werd' ich reif dafür.

Th: Das denk' ich auch, Fritz.

F: Ich möcht' – es ist schwer, das zu sagen. Aber ein bißchen hab' ich mich ja schon gewöhnt an den Gedanken. Und an das Leben ohne Therapie. Ich glaub', es ist jetzt Zeit, daß wir aufhören, mit der heutigen Stunde. Ich kann jetzt allein gehen, Klaus.

Th: Ich trau's dir zu, Fritz.

F: Ich kann dich ja anrufen – meine ich, und auch wieder einmal eine Stunde vereinbaren. Wenn's notwendig sein sollte? Ich denk', wahrscheinlich werd' ich's nicht brauchen, aber es ist gut, eine Rückversicherung zu haben.

Th: Natürlich darfst du das, Fritz. Es ist sehr in Ordnung für mich, daß du anrufst. Auch dann, wenn du nichts brauchst – einfach um zu erzählen, wie's dir geht, und ein bißchen zu plaudern.

F: Ja, das mach' ich gern! (Pause)

Th: Es war schön, mit dir zu arbeiten. Es war eine lange Zeit.

F: Ja, das war's, weiß Gott! (lacht) Und eigentlich hat sich – nein: hab' *ich* mein ganzes Leben verändert dabei. Kaum zu glauben, wie ich damals das erste Mal dagesessen bin, das war noch in deinen alten Räumen ... Ich war ganz schön aggressiv, was? (lacht)

Th: Das warst du! Und das war gut so.

F: Ja, ich glaub', wenn du mir nicht von Anfang an dieses Gefühl vermittelt hättest, es ist okay, wie immer ich bin, dann wär' ich nicht lang hergekommen.

Th: Das ist ein schönes Kompliment. Danke, Fritz.

F: Ich – ich möcht' dir gern sagen, daß du sehr wichtig für mich geworden bist in der Zeit. Und – ach, das ist so rührselig ...

Th: Es ist in Ordnung, traurig zu sein. Schließlich geht's ans Trennen, Fritz.

F: Ja – ich glaub', ich bin schon sehr traurig. Aber nicht so, daß ich mich jetzt verlassen fühl', weißt du? Es wird merkwürdig sein, nicht mehr herzukommen. Du wirst mir fehlen ... ich – ich bin dir sehr dankbar für alles. (hat Tränen in den Augen)

Th: Es war für mich sehr schön, mit dir zu arbeiten.

F: Ich hab' dich schon manchmal gehaßt, weiß der Teufel. Ich hab' die Stunden oft gefürchtet. Und du hast nicht lockergelassen! Manchmal war's echt hart, manchmal war's im Grund die Hölle, so weh hat's getan – aber es lohnt sich!
Th: Schön, wie du das sagst. So seh' ich's auch. – Es war schön, zu erleben, wie du zugänglicher geworden bist – wie du dich mehr und mehr geöffnet hast. Ich bin sehr berührt von deiner Entwicklung und von dir, Fritz. Es ist schön, wenn ein Mann wie du sich öffnet und zu einem ganzen Menschen wird.
Wir sehen uns lange schweigend an. Fritz rinnt eine Träne über die Wange.
F: Weißt du, ich möcht' dich jetzt einfach umarmen und gar nichts mehr sagen.
Th: Gern, Fritz.

Damit geht Fritz' letzte Stunde zu Ende – der Endpunkt einer langen gemeinsamen Reise.
Und was wird jetzt mit und aus ihm – nach seiner Krise, nach seinem Lebenskonflikt? Ist sein Wachstum beendet? Wird er nie mehr Probleme haben.
Er kann jetzt – wie er gesagt hat – alleine gehen. Natürlich wird es auch wieder Zeiten geben, wo er Probleme und Konflikte hat. Natürlich kann und wird er weiterwachsen – hoffentlich so lang er lebt. Er hat jetzt Ressourcen, um zu wissen, wie er Konflikte lösen und wie er sein persönliches Wachstum fördern kann. Er wird sich Menschen suchen, die ihm helfen. Vielleicht braucht er noch einmal ein Stück therapeutische Hilfe, vielleicht auch nicht.
Daß die Therapie beendet ist, heißt auch nicht, daß seine alten Mechanismen, seine tief innen sitzenden depressiven Anteile niemals wieder zum Vorschein kommen können. Aber wenn es so sein sollte, wird er anders damit umgehen können. Er wird es rechtzeitig merken, wenn er sich allein machen sollte, wenn er wieder dazu tendieren sollte, seine Gefühle zu unterdrücken – und wird rechtzeitig gegensteuern können. Er ist – im ganzen Sinn des Wortes – ein *erwachsener Mann* geworden mit der Fähigkeit, über seine Kapazitäten zu verfügen.

ANHANG

Theoretische Erläuterungen (aus den Konzepten der Transaktionsanalyse)

Dieser Anhang dient dazu, die geschilderten Therapieverläufe und therapeutischen Interventionen in einen theoretischen Kontext zu stellen. Die Erläuterungen fußen auf den im ersten Kapitel dargelegten Grundlagen der transaktionsanalytischen Persönlichkeits- und Störungslehre (Ich-Zustände) und dem dort beschriebenen Verständnis vom Aufbau einer Psychotherapie.

Zum Verständnis dieses Textteils sind keine weiteren Vorkenntnisse notwendig.

Enttrübung und Therapievertrag
Zu Kapitel 2 (Fritz: „Die sind ja nur alle gegen dich!")

In dem dargestellten Ausschnitt aus der Arbeit mit Fritz aus der Eingangsphase seiner Therapie werden die beschriebenen Aspekte von „typisch männlichen" Berufsproblemen deutlich:
- der konkurrierende (rivalisierende) Bezugsrahmen
- und die Abwehr der Gefühle im Umgang mit Schwierigkeiten.

Bezugsrahmen an sich sind nichts Falsches oder Destruktives; sie sind existentiell notwendig, um sich in der Welt und im Leben orientieren zu können. Die einengenden und behindernden Aspekte daran sind es, die in der Therapie von Bedeutung sind. Diese Aspekte werden deutlich in Aussagen, die scheinbar wie Feststellungen über die Realität klingen – bei näherem Hinsehen jedoch in dieser Form nicht stimmen können.

Fritz trifft so eine Aussage, wenn er sagt „es sind alle gegen mich". Das klingt, als ob es aus seinem Erwachsenen-Ich-Zustand (nach entsprechender Prüfung der Realität) käme. Tatsächlich ist unwahrscheinlich, daß das in dieser Allgemeinheit wirklich stimmt. Viel eher scheint es sich um eine *Fantasie* aus dem Kindheits-Ich-Zustand zu handeln, die Fritz für Erwachsenen-Ich-Information hält.

Dieser Vorgang – Inhalte aus anderen Ich-Zuständen werden für Erwachsenen-Ich-zugehörig gehalten – nennt man in der TA *Trübung*. Das Erwachsenen-Ich wird (in diesem Fall von Teilen des Kindheits-Ich) getrübt. Im Diagramm schaut das dann so aus:

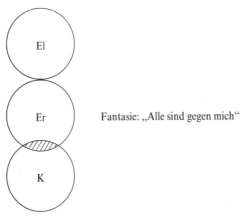

Fantasie: „Alle sind gegen mich"

Kindheits-Ich-Trübungen des Erwachsenen-Ich sind Fantasien und unrealistische Ideen, im pathologischen Fall Wahnideen, die für die Realität gehalten werden.

Eine andere Trübung des Erwachsenen-Ich, diesmal vom Eltern-Ich her, wird wenig später im Gespräch hörbar: „Man arbeitet, um Nummer 1 zu werden."

Hier nimmt Fritz für bare Münze, was in Wirklichkeit die Sichtweise seiner (äußeren, aber vor allem verinnerlichten) Mutter ist:

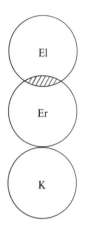

Glaubenssatz: „Man arbeitet, um die Nr. 1 zu werden."

Eltern-Ich-Trübungen sind Glaubenssätze und Vorurteile, die entweder von anderen (elterlichen) Personen übernommen sind oder kulturelle und gesellschaftliche Anschauungen widerspiegeln und für Fakten gehalten werden.

Der therapeutische Vorgang in der Auseinandersetzung damit heißt „Enttrübung". Durch Anregungen zum Nachdenken, neue Informationen, In-Zweifel-Ziehen kann der jeweilige Mensch die Trübung als solche erkennen und die Inhalte ihren ursprünglichen Ich-Zuständen zuordnen.

Fritz erkennt, daß nicht die ganze Welt gegen ihn ist – und zugleich, wie diese Fantasie sein Verhalten prägt und eben dadurch der Realität ein Stück näherkommt. Und er erkennt, was die Auffassungen seiner Mutter sind – und daß nicht jeder Mensch auf der ganzen Welt nach der Position Nummer 1 strebt. Er kann dann anfangen, zu überlegen, was *er selbst* will – aus eigenem Entschluß Nummer 1 werden – oder nicht, und dafür andere Ziele entwickeln.

Dadurch wird die Enttrübung zu einer allmählichen Erweiterung des Bezugsrahmens, die auf neuer Überprüfung der Realität beruht.

Die Enttrübung hat zwei wichtige Funktionen: die noch junge Beziehung zum Therapeuten beginnt sich zu entwickeln, denn die Person, die zur Therapie kommt, kann erkennen, daß der Therapeut auf ihrer Seite steht und ihr Hilfestellung beim Lösen ihrer Probleme geben will.
Und die Einsicht über die Zusammenhänge und Wurzeln der eigenen Schwierigkeiten sowie über Lösungsstrategien entwickelt sich. Diese mündet letztlich in eine mehr oder weniger feste Vereinbarung mit den Therapeuten über den weiteren Weg und die Ziele – den sogenannten *Therapievertrag*.
Verträge sind in der TA eine häufig angewandte Methode, um die Eigenverantwortlichkeit der betreffenden Person zu stärken. Mit Verträgen legt sie von ihrem Erwachsenen-Ich her Ziel und Veränderungen fest und übernimmt ihren Teil an der Verantwortung dafür.
Anforderungen an und Funktion von Verträgen sind ausführlich in der Literatur beschrieben. *(Berne 1966, Steiner 1982, James 1977)*
Hier nur soviel: Therapeutische Verträge sind alle Arten von Vereinbarungen, die zwischen dem Therapeuten und dem Hilfe- oder Ratsuchenden geschlossen werden, und können sich ebenso auf „kleine" und kurzfristige Dinge („nächste Woche werde ich mit zwei Menschen Kontakt aufnehmen") beziehen wie auf langfristige Ziele. In unserem Zusammenhang geht es um den Langzeit-Therapievertrag. In seiner Erarbeitung – die sich, wie ersichtlich, über einen längeren Zeitraum hinziehen kann – geht es um zwei Dinge: erstens um das Erkennen der Zusammenhänge und Ursachen von Problemen und zweitens darum, Ziele, konkrete Schritte und Veränderungen im Zusammenhang mit den Problemen festzulegen.
In Fritz' Fall kommt dabei auch die erwähnte „Doppelstrategie" im Umgang mit der Abwehr (dem Alkoholismus) und zur grundlegenden Lösung seiner Schwierigkeiten an seinen persönlichkeits-geschichtlichen Wurzeln zum Ausdruck.
M. *James* (1977) hat fünf Fragen zur Erarbeitung eines Vertrages entwickelt, die ich auch hier im beschriebenen Beispiel angewendet habe:

- Gibt es etwas, das Du erreichen willst, um Dein Leben zu verbessern?
- Um das zu erreichen – was mußt Du verändern?
- Was bist Du bereit, von Dir aus zu tun, um diese Veränderungen zu ermöglichen?
- Wie werden andere Deine Veränderung bemerken?
- Wie könntest Du Dich selbst dabei sabotieren, Dein Ziel zu erreichen?

Nach diesem Muster ist es natürlich nicht nur in der Therapie möglich, einen Vertrag zu schließen – jeder kann das auch für und mit sich selbst oder jemand anderem anhand der genannten Fragen tun.

Selbstverständlich ist es auch möglich, einen Therapievertrag zu ändern, ihn zu modifizieren, wenn das notwendig wird, zu erweitern – oder auch einen neuen zu schließen, wenn die Ziele erreicht und andere wünschenswert sind. In jedem Fall stellt der Therapievertrag – auf der Basis von genügend Enttrübungsarbeit –, die Beziehung zwischen dem Therapeuten und dem Hilfesuchenden auf eine neue Stufe. Der erste tiefe Einblick in das Grundmuster des eigenen Lebens und in das Ausmaß der nötigen Veränderungen ist getan.

Skript- und Racket-System
Zu Kapitel 3 (Wilfried: „Das kann doch nicht alles gewesen sein!")

Über Skript – die Lebenspläne der Menschen – wurde bereits in Kapitel 3 einiges gesagt. Dieses Konzept ist das „Kernstück" der TA, die Arbeit am Skript bzw. das Aussteigen daraus der essentielle Inhalt einer TA-orientierten Psychotherapie*).
Daher ist hier notwendig, eine genaue Erklärung dafür zu geben, was damit gemeint ist. Die Darstellung folgt im wesentlichen der Zusammenfassung von Stewart/Joines, ergänzt durch

---

* Natürlich ist das ebenso das Kernstück (unter anderen Namen) auch der anderen Psychotherapierichtungen (Analyse, Gestalttherapie usw.)

einige Aspekte der Sichtweise von Richard Erskine (*Stewart/ Joines, Erskine/Moursund*).

1. Skript ist ein Lebensplan

Die Lebensmuster von Erwachsenen sind beeinflußt durch Erfahrungen der Kindheit – in der Weise, daß das Kind einen spezifischen *Plan* (mit Anfang, Mitte und Ende) für sein Leben entwirft und diesem über weite Strecken folgt. Nach der Auffassung Eric Bernes, des „Vaters der TA", ähnelt dieser Plan einem Theaterstück oder Filmdrehbuch *(Berne 1983)* – daher auch der Name „Script".

2. Skript ist auf einen Auszahlungs„gewinn" hin gerichtet

Integraler Teil des Lebensplans ist das, was am Schluß dabei „herauskommen" wird, also was das Resultat eines so gelebten Lebens sein wird (z. B. „Ich werde alt und einsam sterben" oder „Mit mir wird es ein schlimmes Ende nehmen"). Dieser „Gewinn", das, was am Ende beim Skript herauskommt, ist im allgemeinen etwas Negatives (Skript in sich selbst ist etwas Einschränkendes und Destruktives).

Als Erwachsene verhalten wir uns – außerhalb unseres Bewußtseins – so, daß wir näher und näher an diesen Gewinn herankommen.

3. Skript beruht auf Entscheidungen

Das Kind *entscheidet* sich für seinen Lebensplan, er ist nicht nur durch äußere Einflüsse determiniert. In derselben Umgebung können sich verschiedene Kinder für verschiedene Lebenspläne entscheiden.

Diese „Entscheidungen" sind nicht in dem mit Nachdenken verbundenen Sinn des Erwachsenen zu verstehen; die frühesten Entscheidungen werden aus Gefühlen heraus getroffen, bevor das Kind sprechen kann. Außerdem ist das System der Realitätsüberprüfung bei einem Kind ganz anders als bei einem Erwachsenen – die Anzahl der vorhandenen Informationen ist beispielsweise viel niedriger.

4. Skriptentscheidungen beruhen auf elterlichen Botschaften und kindlichen Schlußfolgerungen

Diese zwei Faktoren können die Skriptentscheidungen zwar nicht bestimmen; aber sie üben wesentlichen Einfluß darauf aus. Von Beginn an ist das Kind einerseits mit bestimmten elterlichen Botschaften über sich, das Leben und die Welt konfrontiert, andererseits mit bestimmten Umständen (z. B. Stellung in der Geschwisterreihe, Erkrankungen, berufliche Umstände der Eltern u. v. a.), aus denen es bestimmte Schlußfolgerungen zieht. Das gibt den Rahmen ab, in dem das Kind in einem jahrelangen Prozeß von Entscheidungen sein Skript formt.

5. Skript ist außerhalb der bewußten Wahrnehmung

Auch wenn viele unserer Verhaltensweisen als Erwachsene auf dem Skript basieren, nehmen wir das nicht bewußt wahr. Die sehr frühen Erfahrungen unseres Lebens (und damit die Basis des Skripts) sind uns nur als Träume und Fantasien zugänglich. Es ist aber möglich, durch intensive (v. a. psychotherapeutische) Arbeit das Skript und die zugehörigen Entscheidungen dem Bewußtsein zugänglich zu machen.

6. Die Realität wird umdefiniert, um das Skript zu rechtfertigen

Jeder Mensch interpretiert die Realität in seinem eigenen Bezugsrahmen so, daß sie scheinbar die Skriptentscheidungen rechtfertigt (vgl. dazu Kapitel 2).

Der Grund dafür ist folgender: Die Entscheidungen zum Skript hin trifft das Kind unter Druck – um für eine ausreichende Befriedigung seiner Bedürfnisse, manchmal auch für sein Überleben zu sorgen (z. B. Verlassenheit ist für ein Kleinkind buchstäblich lebensbedrohend; allein kann es nicht überleben. Eine Entscheidung etwa: „Besser die Eltern sind zornig auf mich, weil ich soviel schreie, als sie gehen ganz weg" sichert im Denksystem des Kindes sein Überleben). Eine Bedrohung der skriptgebundenen Weltsicht wird daher vom inneren Kind (dem Kindheits-Ich-Zustand) als Gefahr für die Befriedigung seiner

Bedürfnisse, unter Umständen für sein Überleben, gesehen. Daraus folgt: Skripts sind zäh.

7. *Ursprüngliche Skriptentscheidungen können neu und anders getroffen werden*

Das ist, was „Neuentscheidung" meint: in therapeutischer Arbeit wird zurückgegangen in die Zeit der Skriptentscheidung und mit verschiedenen Methoden die Fixierung des Kindheits-Ich aufgelöst (vgl. Kapitel 1).

Unterstützend sind dabei notwendig: Änderung des Bezugsrahmens (v. a. durch Enttrübung; die Wirklichkeit kann dann anders wahrgenommen werden), Änderung skriptgebundenen Verhaltens und neue Erfahrungen (z. B. in Therapie-, Selbsterfahrungs- und/oder Selbsthilfegruppen). Man kann Skripts nach verschiedenen Kriterien einteilen: nach ihrem Inhalt, ihrem Grundthema, nach dem, was dabei herauskommt. Die Einteilung, die ich hier übernommen und etwas modifiziert habe, ist die von Robert und Mary Goulding (*Goulding/Goulding 1978*) vorgeschlagene nach dem Inhalt der hauptsächlichen elterlichen Botschaft (Einschärfung) bzw. nach der Hauptschlußfolgerung und Hauptentscheidung.

Bei Wilfried in diesem Kapitel ist das „Vorsicht!" oder „tu gar nichts!" (bzw. „ich tue am besten gar nichts"). Andere Skripttypen, die die Gouldings erwähnen, sind:

- Existiere nicht! (Ich darf nicht existieren, ich habe kein Recht zu leben.)
- Sei nicht nahe! (Ich werde/darf niemandem nahe sein.)
- Sei nicht wichtig! (Ich/meine Bedürfnisse sind nicht wichtig.)
- Fühle nicht (Trauer, Wut, Freude . . .)! (Ich darf Trauer, Wut usw. nicht fühlen.)
- Sei kein Kind! (Ich werde mich nicht verhalten und nicht fühlen, wie es einem Kind entspricht.)
- Sei nicht erwachsen! (oft: denk nicht!) (Ich werde mich nicht erwachsen verhalten, fühlen und nicht denken.)
- Schaff's nicht! (Ich werde kein Ziel wirklich erreichen.)
- Sei nicht du selbst! (Ich darf meine Identität und Eigenständigkeit nicht haben.)

– Sei nicht normal/sei nicht gesund! (Ich darf nicht normal/gesund sein.)
– Gehör nicht dazu! (Ich darf mich nirgends zugehörig fühlen.)

Im Leben der meisten Menschen spielen mehrere Einschärfungen bzw. Entscheidungen eine Rolle (bei Fritz sowohl „Ich darf Traurigkeit und Schmerz nicht fühlen" wie auch „Ich darf niemandem nahe sein", bei Wilfried neben „Vorsicht!" auch „Ich darf nicht nahe sein!" und „Ich darf nirgends dazugehören"); trotzdem steht in der Problematik im allgemeinen eine besonders im Vordergrund.

Die Arbeit, die in diesem Kapitel mit Wilfried geschildert wird, besteht im Bewußtmachen des Hauptthemas seines Skripts als Vorbereitung zur Phase der Neuentscheidungen. Dazu eignet sich als Hilfsmittel sehr gut das von Erskine und Zalcman entwickelte „Racket-System" (der Begriff „Racket" ist nicht übersetzbar; neuerdings wird auch nur die Bezeichnung „Skript-System" gebraucht.) (*Erskine/Zalcman, Erskine/Moursund*)

Das Racket-System ist der Mechanismus, mit dem das Skript täglich aufs neue aufrechterhalten und verstärkt wird, und der erkennen läßt, wie andere Personen in die Rollen manipuliert werden, die das Skript verlangt. Es wird definiert als ein sich selbst verstärkendes, die Realität verzerrendes System aus Gefühlen, Gedanken und Verhaltensweisen, es besteht aus drei zusammenhängenden, sich wechselseitig verstärkenden Komponenten:

1. den Skript-Überzeugungen und -Gefühlen (über sich selbst, andere und das Leben überhaupt); darunter liegen unterdrückte echte Bedürfnisse und Gefühle;
2. dem „Durchspielen" des Rackets (also des immer wieder gleichen Musters), bestehend aus dem beobachtbaren Verhalten, den körperlichen Empfindungen und den Fantasien;
3. den verstärkenden Erfahrungen: das Ganze endet so, daß all das bestätigt wird, was man schon von vornherein gewußt hat (also die Skriptüberzeugungen). Dabei werden gleichzeitig bewußt und unbewußt Erinnerungen an all die vielen Male hervorgerufen, wo es genauso war.

An Wilfrieds Beispiel schaut dieser Zyklus so aus:

Skriptüberzeugungen – Gefühle	Durchspielen des Rackets	Verstärkende Erfahrungen
Überzeugungen: – über sich: ich spiele keine Rolle – über andere: spielen eine Rolle (sind wichtig) – übers Leben: mühselig und bringt nichts Gefühle: – Unsicherheit, Angst unterdrückte Bedürfnisse: – wichtig sein, Kontakt haben unterdrückte Gefühle: – Traurigkeit, Zorn	1. Beobachtbares Verhalten schreibt mit 2. körperliche Empfindungen Nacken verspannt, Kopfschmerz, Herzklopfen 3. Fantasien „Ich darf nichts übersehen" (= Vorsicht!) „Denen ist's nicht recht, wenn ich hier bin"	Zurückweisung durch Gruppenteilnehmerin „kein Platz in der Gruppe" frühere Erfahrungen: Weggehen der Tochter Verzicht auf Karriere Tod der Mutter keine Beziehung mit geliebter Frau ganz frühe Erfahrungen: Zurückweisung durch den Vater

Durch die Analyse seines Skriptsystems kommt Wilfried in Berührung mit den unterdrückten Bedürfnissen und Gefühlen darunter; und in der Folge zu dem Punkt: „Ich will's ändern", was nichts anderes heißt als: „Ich will aus meinem Skript aussteigen!"

Diese Entscheidung, die eigene Persönlichkeitsstruktur grundsätzlich zu ändern, ist notwendige Voraussetzung für die weitere Arbeit in die Tiefen des Skripts. Es ist der Punkt, an dem der betreffende Mensch erkennt, daß sein Leiden am eigenen Skript letztlich größer ist als seine Angst vor Veränderung und als die Schmerzen, die Psychotherapie mit sich bringen kann.

Allgemeines über den Begriff „Neuentscheidung"
Zu Phase 3

In der TA versteht man häufig unter dem Begriff „Neuentscheidung" oder „Neuentscheidungsarbeit" nur die Art von therapeutischer Arbeit, die im 4. Kapitel als „Engpaßarbeit" beschrieben wird und die von Bob und Mary Goulding entwickelt wurde (Näheres dazu weiter unten).

Ich verstehe unter dem Wort „Neuentscheidung" jede Art von Korrektur der ursprünglichen Skriptentscheidung; sie kann, muß aber nicht direkt verbal als Entscheidung („ich werde in Zukunft xy, statt wie früher yz") formuliert sein. Meistens geht die Neuentscheidung in der Regression vor sich, d. h. die betreffende Person versetzt sich in ihrem Denken, Fühlen und Verhalten in das Lebensalter zurück, in der sie ihre Skriptentscheidung getroffen hat.

Es kann aber auch sein, daß erst nach der regressiven Arbeit aus dem Erwachsenen-Ich die definitive Neuentscheidung formuliert wird, gewissermaßen in Zusammenfassung und Erwägung des zuvor aus der eigenen Geschichte Erlebten.

Verschiedene Möglichkeiten, an diesen Punkt, der in der Auflösung der Fixierung im Kindheits-Ich besteht, heranzukommen, werden in den Kapiteln 4 bis 7 dargestellt. Zum Gesamtverständnis ist auch wichtig zu betonen, daß es nicht um eine Neuentscheidung des gesamten Skripts geht – sondern um mehrere Entscheidungen an den wichtigsten Punkten aus dem Leben des jeweiligen Menschen.

Engpaßarbeit
Zu Kapitel 4 (Gerald: „Ich brauch' sie doch beide!")

Wir finden bei Gerald all die Elemente wieder, die am Anfang des 4. Kapitels beschrieben wurden:
- Zuerst die Verlassenheit als Kind – in seinem Fall wechselweise durch beide Elternteile.
- In dieser qualvollen Situation – immer nur einen haben zu können, nie beide – trifft er seine Skriptentscheidungen:
  Meine Bedürfnisse sind nicht wichtig = ich bin nicht wichtig; ich werde letztlich immer allein bleiben und
  niemand liebt mich wirklich.
- Um das sozusagen zu „entkräften", d. h. nicht in vollem Umfang spüren zu müssen, wie schlimm das für ihn ist, trifft er

gewissermaßen eine Art „Über-Entscheidung": „Ich werde mich nicht festlegen – auf diese Art kann ich immerhin ein bißchen was kriegen."
- Seine Ehe mit Marion geht so lange gut, als er sich nicht zu sehr verlassen fühlen muß; erst als die Zwillinge geboren werden, tauchen Angst, Schmerz und Verletztheit wieder auf.
- Daraufhin versucht er, zu ergattern, was zu kriegen ist – er beginnt eine außereheliche Beziehung. Damit kommt er aber mehr und mehr in das erwähnte Dilemma: Macht er weiter mit der Doppelbeziehung, verliert er womöglich alle beide – entscheidet er sich für eine, verliert er auf jeden Fall die andere, und das ist schlimm genug. Er versucht, gegenzusteuern – indem er seine alte Methode anwendet, zu taktieren und sich nicht festzulegen.
- Schließlich intensiviert er das Problem noch, indem er – beinahe – eine dritte Beziehung beginnt.

In dieser Situation spürt Gerald intensiv einen „Engpaß". Diese Bezeichnung haben Bob und Mary Goulding, zwei der bedeutendsten TA-Therapeuten, für das Feststecken zwischen einengenden Festlegungen des Skripts und unmittelbaren Bedürfnissen im Kindheits-Ich-Zustand geprägt. (*Goulding/Goulding 1978*)

Die eine Seite dieses Engpasses, dieser seelischen Sackgasse, besteht aus der verinnerlichten elterlichen Botschaft *Du darfst nicht wichtig sein* (die Gerald mehr nonverbal als verbal aus dem Verhalten seiner Eltern herausfilterte). Diese Botschaft wurde ihm als Kind mitgeteilt, dann – im Prozeß der Skriptentscheidung – ins Eltern-Ich transportiert und dort gespeichert. Von dort wird sie im inneren Dialog ans innere Kind weitergegeben, das daraufhin skriptgerecht funktioniert. Die Grundzüge dieses Prozesses wurden in den Kapiteln 1 und 3 beschrieben *(siehe Abb. S. 146)*.

Immer wieder tauchen im Kindheits-Ich-Zustand die Angst vor der Verlassenheit und das Gefühl des Unwichtigseins auf und müssen abgewehrt werden (durch Liebe ergattern, wo immer sie zu kriegen ist). Dadurch aber werden dann die alten Botschaften erst recht immer wieder aufs neue bestätigt: Es stimmt ja, du bist wirklich nicht wichtig, du bist wirklich nicht liebenswert, du mußt wirklich allein bleiben.

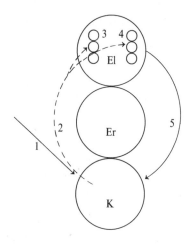

1 Botschaft von Vater und Mutter: Du bist nicht wichtig; geht ans K ...
2 ... und wird von dort ins El transportiert (Introjektion; s. dazu die Erläuterungen zu Kap. 5) und dort gespeichert als
3 verinnerlichte Mutter und
4 verinnerlichter Vater.
5 Im inneren Dialog wird die verinnerlichte Botschaft ans K übermittelt, um skriptgerechtes Funktionieren zu bewirken.

Die andere Seite des Engpasses* sind die unmittelbaren, natürlichen Bedürfnisse des kleinen Gerald, die in seinem Kindheits-Ich weiterleben: wichtig zu sein, geliebt zu werden, nicht verlassen zu werden *(siehe Abb. S. 147)*.

Zwischen diesen beiden Teilen steckt Gerald in der Klemme, d. h. er ist „festgefahren". Ständig wiederholt er die ursprüngliche Situation – und fühlt sich immer wieder (ohne es bewußt zu merken) als der kleine Bub von damals; sein Kindheits-Ich-Zustand ist *fixiert* im Alter von etwa fünf oder sechs Jahren (vgl. Kap. 1), und damit fixiert in diesem Denken, Fühlen und Verhalten.

Bob und Mary Goulding haben, indem sie diese theoretischen Überlegungen aus dem Bezugsmodell der Transaktionsanalyse mit Techniken aus der Gestalttherapie verknüpften, einen wirksamen Ansatz zum Lösen bzw. „Durchbrechen" von Engpässen entwickelt. Dieses Durchbrechen ist als ein Neuentscheiden von Skriptfestlegungen zu sehen – und dementsprechend nennen die Gouldings ihre Methode „Neuentscheidungtherapie". (*Goulding/Goulding 1978 und 1981*)

---

* Die Gouldingschen Auffassungen über den Engpaß werden hier nicht in ihrer Gesamtheit und auch theoretisch etwas modifiziert dargestellt, das Grundprinzip des Steckens zwischen elterlicher Botschaft und kindlichem Bedürfnis ist jedoch beibehalten.

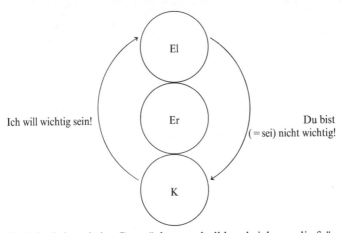

Dabei wird – wie im Gesprächsprotokoll beschrieben – die frühe Szene aus dem Leben des Menschen, in der er eine Skriptentscheidung traf, in der Fantasie wiederholt. Ausgegangen wird dabei vom jetzigen Erleben, das einen direkten Faden in diese Szene aus der Vergangenheit bedeutet.
Er erlebt sie wieder als „Hier und Jetzt", er fühlt sich wieder als das Kind von damals. Dann werden – um die Situation intensiver zu gestalten und eine direkte Auseinandersetzung zu ermöglichen – auch die beteiligten anderen Personen, oftmals die Eltern, in der Fantasie hergeholt. Dazu werden sie auf Stühle oder Kissen „gesetzt". Der sich als Kind erlebende Mensch kann dann nochmals bewußt die schmerzhafte Situation der Skriptentscheidung durcherleben. Damit gibt er zugleich die Abwehr der bedrohlichen Gefühle auf, die Fixierung kann gelöst werden (vgl. Kapitel 1). Mit Unterstützung des Therapeuten kann er dann eine „Neu-Entscheidung" treffen; er erkennt, daß er andere Möglichkeiten hat als damals, daß er in seinem Leben nicht mehr allein ist, sondern durch den Therapeuten (und oft auch die Gruppe) unterstützt wird. Mit diesem Wissen kann er sich anders und neu entscheiden und so aus dem Engpaß herauskommen, den seine Skriptfestlegung für ihn bedeutet.
Tatsächlich geht diese Arbeit nicht immer so einfach und elegant vor sich, wie hier beschrieben. Menschen wehren sich, an ihre schlimmen Gefühle heranzugehen, oder bleiben dort stecken, ohne eine Neuentscheidung zu treffen. Oft ist viel Geduld notwendig; manche müssen mehrmals an diesen Punkt geführt

werden. Manchmal ist lange Vorbereitungsarbeit erforderlich und auch das Gespür für den richtigen Moment, an dem jemand innerlich bereit für diese Art von Arbeit ist. Wichtig dabei ist eine entsprechende therapeutische Beziehung und Vertrauen in den Therapeuten, daß er den notwendigen Schutz und genügend Unterstützung geben wird – und daß er stärker ist als die verinnerlichten Elternfiguren.

Auch für Gerald wäre die geschilderte Arbeit nicht ohne die Zeit vorher in der Therapie möglich gewesen; zuerst mußte er allmählich mit seinen Gefühlen und seiner Fähigkeit, sie auszudrücken, in Kontakt kommen.

Schließlich ist es oft mit einer einmaligen „Neuentscheidung" nicht getan – schließlich sind Skriptentscheidungen sehr tief verwurzelt und oft im Leben verstärkt worden. Es ist daher damit zu rechnen, daß ein Mensch wieder und wieder an diesen Punkt kommt. Keinesfalls ist die Therapie mit der Neuentscheidung beendet (s. Kap. 1 und 8): Es ist sehr wichtig, das Umsetzen dieser neuen Beschlüsse ins reale Leben der Person zu begleiten und zu unterstützen – bis zu dem Punkt, wo sie imstande ist, ohne Therapie mit ihren neuen Fertigkeiten und Entscheidungen zu leben.

Introjektion und Arbeit mit dem Eltern-Ich
Zu Kapitel 5 (Günter: „Die Angst vorm Sterben bringt mich noch um!")

Um die in diesem Kapitel geschilderten therapeutischen Interventionen besser zu verstehen, müssen wir uns noch einmal dem Prozeß des Verinnerlichens der Elternpersonen durch das Kind zuwenden. Dazu ist eine „Anleihe" aus der Gestalttherapie nützlich (*Perls/Hefferline/Goodman*), die diesen Vorgang treffend „Introjektion" nennt. Das bedeutet soviel wie etwa „als Ganzes und unverdaut schlucken".

Dieses „Einverleiben" von elterlichen Personen hat (neben der nützlichen und lebenserhaltenden intensiven Aufnahme von Informationen, die dadurch erfolgt) auch andere Funktionen:
– ein schwerwiegender Konflikt zwischen dem Kind und Mutter oder Vater oder einer gleichwertigen Elternfigur:

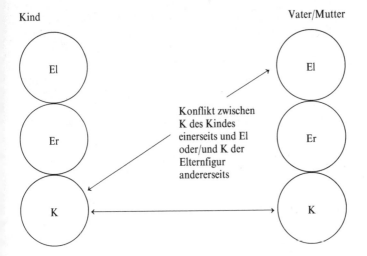

– ist für das Kind bedrohlich und nicht erfolgreich auszutragen (subjektiv oder objektiv).

Indem das Kind die Elternfigur verinnerlicht, sich „einverleibt" – wird auch der Konflikt ins Innere des Kindes verlegt.

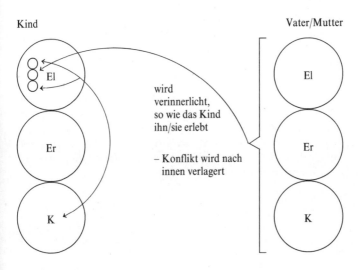

Dadurch – durch das Introjizieren – wird zweierlei erreicht:
- der Konflikt, der nicht erfolgreich für das Kind zu bewältigen ist, wird in der Hoffnung nach innen verlagert, daß er dort leichter zu handhaben ist;
- das Bild von Vater oder Mutter, das das Kind hat, kann sozusagen „sauber" bleiben – ohne die bedrohlichen Aspekte.

Zum Beispiel: ein strenger, jähzorniger, strafender Vater ist für sein Kind eine Bedrohung; indem es den Vater introjiziert, verlagert es – in seiner kindlichen Verständniswelt – das Problem nach innen; dort hofft es, besser damit umgehen zu können. Und es muß nicht mehr darunter leiden, daß der Vater „böse" statt „gut" ist – die negativen Aspekte an ihm können verleugnet werden*.

Die Technik, die Elternfigur, das „Introjekt" gewissermaßen „herauszunehmen" und als eigene Person in einen Dialog mit dem Kindheits-Ich treten zu lassen, um dadurch einen Engpaß aufzulösen, stammt aus der Gouldingschen Kombination von TA und Gestalttherapie *(Goulding/Goulding 1978)*. McNeel entwickelte daraus das „Eltern-Interview" *(McNeel 1976)*, in dem die Elternperson ausführlich vom Therapeuten befragt wird. Dadurch erhält das Kind entweder Unterstützung für das Lösen des Engpasses, es kann Verständnis für Vater oder Mutter entwickeln oder es kann sich deutlich davon abgrenzen und so die fixierte Haltung aufgeben.

Die hier beschriebene Arbeit geht über ein bloßes „Interview" hinaus, es ist *Therapie mit dem Eltern-Ich,* Arbeit mit der verinnerlichten Elternfigur an ihren Engpässen, die ihre Beziehung zu ihrem Kind beeinflußt haben – Arbeit mit der Elternfigur, als ob sie eine real anwesende Person wäre. Entscheidende Impulse zu dieser Art von Arbeit habe ich von Mellor/Andrewartha und vor allem von Richard Erskine erhalten *(Mellor/Andrewartha, Erskine/Moursund)*.

---

* Kinder gehen anders als Erwachsene mit der Realität um: sie vereinfachen und reduzieren Zusammenhänge auf Ursachen und Wirkungen, die ihnen begreifbar sind: „Wenn ich etwas wegdenke (nach innen), dann ist es nicht mehr da" – wie das Kind, das die Augen zumacht, und das, was es nicht sehen will, ist in seiner Realität nicht mehr da.

Im Diagramm sieht der Vorgang folgendermaßen aus:

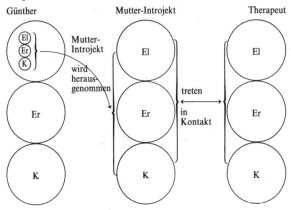

Günters Geschichte ist ein gutes Beispiel dafür, wie schwierig es für jemanden ist, an diesen Bereich in sich heranzukommen (und auch dafür, wie langwierig Psychotherapie manchmal sein kann). Viel Vorbereitung und Entwicklung der therapeutischen Beziehung ist dafür notwendig. Auch kann sich die Arbeit mit der Elternfigur oft über einen längeren Zeitraum hinziehen – genauso wie mit einer real anwesenden Person.

Introjektion ist ja – wie wir gesehen haben – eine Form der Abwehr gegen eine bedrohliche Situation; wenn ein Mensch diese Abwehr lockert und löst, die Eltern-Figur „herausnimmt", dann wird er wieder bewußt mit dieser Bedrohung konfrontiert. Das ist für das „innere Kind", den Kindheits-Ich-Zustand, sehr unangenehm. Es wird sich dabei sehr gefährdet und oft auch sehr verlassen vorkommen und nur dann bereit sein, sich darauf einzulassen, wenn es genügend Vertrauen in den Therapeuten hat, daß er es entsprechend schützen kann und wird.

Bei Günter wird auch eine andere Vorgangsweise gezeigt, die in seinem Fall aber nur kurzzeitig wirkt: das Einsetzen von elterlichen Botschaften von seiten des Therapeuten, um das ursprüngliche Introjekt zu entschärfen und dem Kindheits-Ich etwas Luft zu verschaffen („Sie dürfen leben!"). Auf diese Art von therapeutischer Arbeit werden wir im nächsten Abschnitt ausführlicher zurückkommen.

Der Sinn der Arbeit mit dem Eltern-Ich ist: der innere Dialog wird unterbrochen, das Kindheits-Ich steht nicht mehr unter dem negativen Einfluß des Eltern-Ich, kann seinen Engpaß lösen und an das Entwickeln neuer Entscheidungen gehen. Das ist in der beschriebenen Stunde mit Günter nicht mehr passiert, wohl aber später. Oft ist nach intensiver Arbeit mit dem Eltern-Ich eine „Erholungspause" für das Kind notwendig; die braucht es auch, um wirklich begreifen zu können, daß es ein Stück freier geworden ist. Das Eltern-Introjekt ist dann nicht verschwunden oder „gelöscht" – es ist weiterhin da, aber der betreffende Mensch weiß bewußt um diese elterlichen Einflüsse aus seiner Vergangenheit, kann sie einordnen, mit ihnen umgehen und ist ihnen in seinem Kindheits-Ich nicht mehr hilflos ausgeliefert. Er hat einen ihm bis dahin nicht bewußten und daher hinderlichen Anteil seiner Persönlichkeit auf gesunde Art und Weise *integriert,* die Fixierung im Kindheits-Ich-Zustand ist gelöst.

Punktuelles Beeltern
Zu Kapitel 6 (Christian: „Dann kenn' ich mich selbst nicht mehr!")
Das Diagramm der Ich-Zustände auf S. 153 stellt die geschilderte Situation – Christian, der von seinem Vater mißhandelt wurde und diese Mißhandlung weitergibt – dar.
Diese Sichtweise des Geschehens habe ich von R. Erskine *(Erskine 1987)* übernommen.
Der erste therapeutische Schritt ist die Unterbrechung dieser Projektion. Das geschieht hier durch Verträge mit Christians Erwachsenen-Ich, in denen er Verantwortung und Kontrolle für sein Handeln übernimmt. Gleichzeitig aber bewirkt das, daß sein Schutzmechanismus wegfällt und er die destruktiven Botschaften seines Vaters in seinem Inneren voll zu spüren bekommt. Das heißt, er braucht in dieser Phase viel Schutz von außen (häufiger Kontakt mit dem Therapeuten).
Im zweiten Schritt rücken die inneren Vorgänge und die damit verbundenen Gefühle ins Bewußtsein: der mißhandelnde Vater, Wut, Angst und Schmerz werden deutlich.
Sicher steckt auch hier ein Engpaß dahinter: die vitalen Wünsche und Bedürfnisse des Kindes gegen die destruktiven Einflüsse des Vaters. Trotzdem ist Engpaßarbeit (wie in Kap. 4)

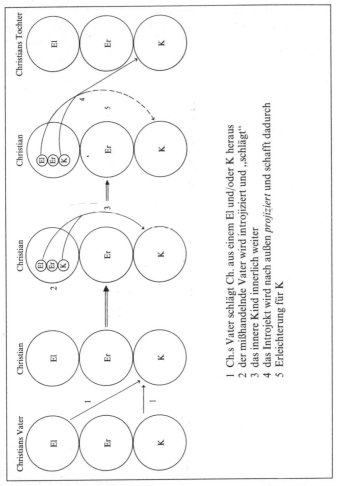

1 Ch.s Vater schlägt Ch. aus einem El und/oder K heraus
2 der mißhandelnde Vater wird introjiziert und „schlägt"
3 das inrere Kind innerlich weiter
4 das Introjekt wird nach außen *projiziert* und schafft dadurch
5 Erleichterung für K

hier nicht das erste Mittel der Wahl – zu stark angsteinflößend ist der Vater, als daß das Kind ihm wirksam entgegentreten könnte.

Es kommt also darauf an, die Elternfigur zu entkräften – und gleichzeitig dem inneren Kind neue, konstruktive Botschaften zu übermitteln, die der betreffende Mensch in sein Eltern-Ich einfügen kann.

Der therapeutische Vorgang dabei heißt in der TA „Beeltern" bzw. „Neu-Beeltern" (reparenting). Entwickelt wurde er von Jacqui Schiff *(Schiff/Day, Schiff & Al.)* als eine Methode zur Heilung psychotischer (d. h. vor allem schizophrener) Patienten. In dieser ursprünglichen Form des Neubeelterns wird das alte Eltern-Ich (mit verrückten und verrückt machenden Inhalten) vollkommen „gelöscht" und durch ein gänzlich neues, das des Therapeuten oder der Therapeutin ersetzt.* Russel Osnes sowie Ken Mellor *(Osnes 1974, Mellor)* erkannten die Möglichkeit, diese Technik auch punktuell in der Arbeit mit nicht psychotischen Menschen einzusetzen. Dabei wird das alte Eltern-Ich nicht gelöscht – aber dort, wo es Defizite und Traumata gibt, tritt das „neue" Eltern-Ich, der verinnerlichte Therapeut, dazu. Dadurch wird das alte El entkräftet und verliert an Wirksamkeit und Einfluß. Ebenso verliert der alte innere Dialog (die „innere Mißhandlung") an Macht; unter dem Schutz der neuen elterlichen Inhalte kann das Kind seine Fixierungen lösen, die negativen elterlichen Einflüsse bewältigen und durch Integration ins Erwachsenen-Ich wirkungslos machen.

Therapeut

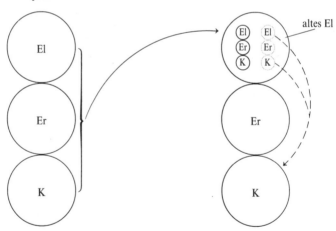

* Die Patienten (= Kinder) der Schiff-Familie leben dazu längere Zeit regressiv bei ihren therapeutischen neuen Eltern und erhalten eine ganz neue Erziehung.

Sinnvoll einzusetzen ist diese Methode entweder bei Defiziten (z. B. Sexualaufklärung) oder bei destruktiven Eltern-Ich-Inhalten. Der betreffende Mensch geht dabei regressiv in das Alter, in dem die Beelterung notwendig ist, zurück.

Dabei gehe ich in folgenden Schritten vor:

1. Identifizierung des Defizites bzw. des Bedürfnisses an konstruktiven elterlichen Inhalten.
2. Vertrag mit dem Erwachsenen-Ich über Alter und Inhalt der Beelterungsarbeit (im zweiten Teil der Arbeit mit Christian wurde die Frage nach dem Alter erst in der Regression gestellt).
3. Entkräften des destruktiven Eltern-Ichs (durch starke elterliche Botschaften wie „Das ist nicht in Ordnung!").
4. „Auffüllen" des Defizits (kann, aber muß nicht in einem Schritt mit 3. erfolgen).

In der geschilderten Arbeit wird die Wirksamkeit deutlich sichtbar: nach der ersten Beelterung (Entkräften der destruktiven Botschaften) trifft Christian eine klare Neuentscheidung: Ich werde keine Gewalt mehr anwenden.

Nach dem zweiten Teil (neue konstruktive Inhalte) setzt er diese neuen Informationen unmittelbar um („Ich darf mir Zeit lassen").

Ich wende punktuelle Beelterung nur unter folgenden Bedingungen an:

- vorwiegend in Gruppen (vor allem in Seminaren), nicht in Einzeltherapie. So ist mehr Zeit vorhanden (d. h. es ist nicht nach 50 Minuten Schluß, sondern es bleibt auch nach der Arbeit Zeit zum „Verdauen"). Außerdem gibt eine Gruppe, in der sich ein Mensch sicher fühlt, Schutz, Nähe, das Gefühl von Geborgenheit;
- nicht mit psychotischen und auch nur erkennbar im Ansatz psychosegefährdeten Menschen, da die tiefe Regression und der starke Kontakt mit alten destruktiven Elementen des Eltern-Ich psychotische Schübe auslösen können;

- nur mit Menschen, die ich lange kenne; ansonsten ist a) die Wirksamkeit in Frage gestellt und b) kann ich dadurch besser abschätzen, ob die Person, die Beelterung wünscht, möglicherweise in Gefahr ist, psychotisch zu reagieren oder nicht.

Alles in allem setze ich die Beelterungs-Technik eher selten und eher vorsichtig ein. Es ist auch davon abzuraten, sie ohne entsprechende Eigenerfahrung – d. h. ohne selbst therapeutische Beelterung am „eigenen Leib" erfahren zu haben – anzuwenden.

Frühe regressive Arbeit
Zu Kapitel 7 (Bernhard: „Ich geh' zu meinem Computer, der versteht mich wenigstens!")

Wie schon im Einleitungsteil des 7. Kapitels erwähnt wurde: Nicht jeder, der sich einsam überarbeitet, nicht jeder, der das als Instrument zur Vermeidung von Nähe benutzt, hat gerade diese Art von Lebenserfahrungen gemacht wie Bernhard („Immer, wenn ich wem nahekomme, verläßt er mich wieder"). Bei der Arbeit mit Menschen, die Nähe vermeiden, muß berücksichtigt werden, daß das auch Ausdruck einer weit schwereren Symptomatik wie einer narzißtischen oder Borderline-Störung (vgl. *Masterson, Kernberg*) sowie einer manischen Episode im Rahmen einer manisch-depressiven Erkrankung *(Loomis/Landsman)* sein kann.

Dies ist jedoch bei Bernhard nicht der Fall; sein Problem liegt in einer Skriptbotschaft „Komm niemandem nahe!" bzw. einer Skriptentscheidung „Ich werde niemandem (mehr) wirklich nahekommen". (Im Sinne der von den Gouldings vorgeschlagenen Hauptbotschaften, vgl. S. 168.)

Selbstverständlich wäre dazu genauso Engpaßarbeit wie im Kapitel 4 bei Gerald möglich (und Bernhard hat auch später in seiner Therapie zu anderen wunden Punkten seiner Lebensgeschichte Neuentscheidungen in Engpaßarbeit getroffen). Der Grund, hier die Methode des Wiedererlebens und Durcharbeitens von frühen Szenen zu wählen, war folgender: Bernhard war zum gegebenen Zeitpunkt sehr direkt in seiner Problematik drinnen, d. h. er sprach, dachte und fühlte unmittelbar aus seinem Skript heraus. Das bedeutet, er war also bereits nicht mehr erwachsen, sondern im fixierten Kindheits-Ich-Zustand. Die Vertragsüberlegungen, die einer Engpaßarbeit meist vorausgehen (Kannst du dich an eine frühe Szene dazu erinnern? Was willst du ändern? Willst du mit deiner inneren Mutter arbeiten? usw.), sind in erster Linie an das Erwachsenen-Ich gerichtet. Ein Mensch wie Bernhard, der sich mit Denken (und Zer-Denken) leichter tut als mit Fühlen (und so das Fühlen abwehrt), kann das in so einer Situation benutzen, um die bereits beginnende Regression wieder abzubrechen und die Gefühle dazu zu vermeiden.

Mit anderen Worten: mit der hier angewendeten Technik ist es manchmal möglich, sehr schnell und direkt an Skriptentscheidungs-Situationen heranzukommen (bei genügend Beziehung und Kontakt zu dem betreffenden Menschen; sonst wird er sich nicht darauf einlassen). Der Einstieg erfolgt dabei über die verbalisierte frühe Entscheidung („Ich brauch' dich nicht!") und dann über den Körperausdruck und das Körperempfinden.

Da es bei dieser Art von Arbeit oft keinen Vertrag bzw. keine direkte Information über das Alter der Regression gibt (wie beim Beeltern), ist es notwendig, andere Informationen aus dem Verhalten für die Bestimmung des Alters und die entsprechende Abstimmung des eigenen Verhaltens als Therapeut heranzuziehen (Wortwahl, Gesichts- und Körperausdruck). Vor allem bei einem spontanen Wechsel des regressiven Alters sind entwicklungspsychologische Kenntnisse wichtig.

Es ist bemerkenswert, wie deutlich die Wiederholung der Skriptentscheidungs-Situation in Bernhards Gegenwart durch diese Arbeit wird: Mit zwei sitzt er allein in einem Zimmer (eingesperrt), mit 14 ebenfalls (vor der Mutter davongelaufen, bereits aus eigenem Entschluß) – und in der Nacht vor der Therapiestunde bei seinem Computer ebenfalls. Und jedesmal denkt und fühlt er auf die gleiche Weise: ein trotziges „Ich brauch' sie nicht!"

Selbstverständlich ist das eine Abwehr – denn als Zweijähriger zu sagen „Ich brauch' sie sehr – aber sie ist nicht da, und ich kann sie nicht haben", würde sich für das Kind sehr verzweifelt, sehr angstvoll, sehr verlassen und auch sehr wütend anfühlen.
Indem Bernhard diese Gefühle in der regressiven Arbeit zuläßt und erlebt, kann er die fixierte Situation erfolgreich durcharbeiten und auflösen. Seine Neuentscheidung heißt zwar (noch) nicht: „In Zukunft werde ich xy . . . (das beginnt Bernhard erst in der der Regression folgenden kognitiven Umsetzung und setzt es in der nächsten Stunde – im Kapitel nicht mehr beschrieben – fort). Aber sie ist ganz klar emotionell getroffen: „Ich brauche Menschen – und wenn ich einsam bin, fühlt es sich scheußlich an."

Integrations- und Lösungsarbeit
Zu Kapitel 8 (Fritz: „. . . aber es lohnt sich!")

In dieser letzten Therapiephase geht es um drei wichtige Elemente:
1. Umsetzen der neuen Entscheidungen in das Alltagsleben;
2. Aussöhnung;
3. Lösen aus der Therapie.

1. Umsetzen der neuen Entscheidungen

Das ist etwas, das auch schon die ganze Therapie hindurch wichtig ist: Was fängt ein Mensch mit den neuen Erfahrungen, die er sammelt, mit den neuen Entscheidungen, die er trifft, in seinem täglichen Leben an. Wenn darauf, auf diesen Transfer, nicht genügend geachtet wird, besteht die Gefahr, daß die gesamte Entwicklung doch wieder ins Skript eingeordnet wird und bestenfalls eine isolierte Episode bleibt – schlechtestenfalls eine Bestätigung, daß die Welt ja doch so ist, wie sie immer war.

Ein gutes Mittel dafür ist – neben dem in Kapitel 8 geschilderten Besprechen, Durchgehen, Verarbeiten und Vorbereiten –

die in Kapitel 3 angewandte Racket-Analyse. Dieses innere System des Rackets gut zu kennen, heißt, das alte Muster rechtzeitig bemerken zu können. Denn auch mit Therapie wird das Leben nicht „von selbst" anders. In vielen Punkten ist immer wieder die bewußte Entscheidung zu anderem, neuem Verhalten, Denken und Fühlen notwendig.

In diesen Bereich fällt auch eine häufige Entwicklung, die auch Fritz zeigt: einzig er selbst ist sich wichtig, andere Menschen spielen nur mehr am Rande eine Rolle. Für diesen Mechanismus habe ich von Richard Erskine (*Erskine 1988 A*) die Bezeichnung „Egotismus" kennengelernt: „Das Ich war so lange Zeit verschollen; nun hat er es wiedergefunden und kniet vor dem Altar des Ich, um es zu preisen." (Mündl. Zitat.) In einem weiteren wichtigen Schritt der Therapie ist es nötig, zu lernen, diese Ich aus freier Wahl wieder ein Stück weit „aufzugeben" – um tatsächlichen Kontakt und tatsächliche Nähe zu anderen Menschen herstellen zu können.

2. *Aussöhnen*

Nach all dem Leid, all der Wut, all der Angst über Verletzungen (früh und auch später im Leben erfahren) kann der betreffende Mensch in ein neues Stadium treten: das des Annehmens der eigenen Geschichte als das, was sie war – das Akzeptieren, daß nichts aus der Vergangenheit mehr zu ändern und nichts mehr ungeschehen zu machen ist; aber daß es vorbei ist und vorbei sein darf. Oft, aber nicht immer, kommt es zu einem Verzeihen an die Eltern oder anderen Personen, die die Verletzungen zugefügt haben. Manchmal, bei sehr tiefen Wunden, ist ein Verzeihen nicht möglich – aber doch ein Aussöhnen mit der eigenen Lebensgeschichte.

Die in Kapitel 8 gezeigte Technik der Verabschiedungsarbeit („Stell dir vor, du siehst die betreffende Person zum letzten Mal in deinem Leben vor dir und kannst ihr all das sagen, was nie gesagt wurde") habe ich von George Kohlrieser (*Kohlrieser 1985, 1986*) gelernt; sie stellt – zum richtigen Zeitpunkt eingesetzt – eine sehr wirksame Methode zum Versöhnen und Annehmen dar. Noch einmal fühlt Fritz ganz intensiv den Schmerz seiner alten Wunde – dann kann er sie endgültig vernarben lassen. Wie bei einer tiefen körperlichen Verletzung wird es nie so sein, als ob es sie nie gegeben hätte, und manchmal wird sie noch ein wenig schmerzen – aber es ist ein alter, vernarbter Schmerz.

3. Lösen aus der Therapie

Das ist zum letzten Mal ein kritischer Punkt: Wird das Ende der Therapie wieder als Verlassenwerden erlebt – oder kann es als eine normale Trennung akzeptiert werden?
Viele Menschen entwickeln zu diesem Zeitpunkt Ängste und auch Zorn zum Therapeuten hin („Der will mich nur loshaben"). Am sinnvollsten ist es, diese Gefühle anzusprechen – und genügend Zeit für den Prozeß der Loslösung bei allmählichem Vergrößern der zeitlichen Abstände zwischen den Sitzungen zu geben. Auch das Angebot, mit mir in Kontakt zu treten, wird dabei als hilfreich erlebt – obwohl es in den meisten Fällen nicht nötig sein wird, es zu nutzen; aber innerlich diese Möglichkeit zu haben, ist für viele Menschen eine Hilfe.
Das Ziel der Psychotherapie ist – in Ich-Zuständen gesprochen – ein Mensch mit einem „Integrierten Erwachsenen-Ich" (*Berne, Erskine 1988 B*). Das heißt, ein Mensch, dessen Erwachsenen-Ich – die Fähigkeit, angemessen im Hier und Jetzt zu denken, zu fühlen und zu handeln – die Kontrolle und Verantwortung übernommen hat und der die Einflüsse seiner Lebensgeschichte und wichtiger Personen in seinem Leben erkannt, verarbeitet und integriert hat.

SCHLUSSBEMERKUNG

Der Weg, den wir gemeinsam gegangen sind – Sie als Leser oder Leserin und ich als Schreiber dieses Buches –, ist fast zu Ende. Vielleicht ist es mir gelungen, Ihnen einige Aspekte der männlichen Seele nahezubringen und zu verdeutlichen, wie schwierig es manchmal ist, Mann und gleichzeitig *menschlich* in der umfassenden Bedeutung des Wortes zu sein.
Die Lebenswege, die Sie kennengelernt haben – Fritz, Wilfried, Gerald, Günter, Christian und Bernhard –, stehen stellvertretend für viele andere; andere, die ebenso unter ihrem Leben, so, wie es ist, leiden und nach einem Ausweg suchen. Vielleicht kennen Sie den einen oder anderen davon; vielleicht haben Sie ein Stück von sich selbst wiedergefunden, vielleicht etwas von Ihrem Partner, Ihrem Vater, Ihrem Sohn, Ihrem Bruder, Ihrem Arbeitskollegen, Ihrem Freund. Wenn das so ist – bedenken Sie: Was Sie hier in Händen halten, ist keine der populären „Anleitungen zur Selbsthilfe" –, es kann, wenn Sie das wollen, eine „Anleitung zum Selbstverstehen" (und zum Verstehen anderer) sein.
Benutzen Sie dieses Buch also nicht als einen Leitfaden, mit sich selbst oder anderen an die dunklen Stellen der Lebensgeschichte zurückzugehen, nach dem Muster der dargestellten therapeutischen Interventionen. Benutzen Sie es auch nicht, um jemanden anzuklagen: Sieh nur, wie hart du bist – so weich und menschlich wie diese Männer sollst du werden!
Solche Art von „Hilfe" würde nur dazu beitragen, den Panzer, die Abwehr zu verstärken. Menschen ändern sich nicht oder nur kaum (und schon gar nicht in wesentlichen Punkten), wenn man sie unter Druck setzt; nicht umsonst habe ich in diesem Buch soviel Wert auf die Elemente „Sicherheit", „Vertrauen", „Kontakt", „Beziehung" und „Zeit haben dürfen" gelegt.
Viel größer sind die Chancen auf Veränderung, wenn Sie signalisieren: Ich kann verstehen, daß du nicht glücklich mit dir bist, so, wie du bist. Auch mir gefällt manches nicht, und unter manchem leide ich auch. Trotzdem mußt du dich nicht mir zuliebe ändern; aber wenn du dich ändern willst, unterstütze ich dich

gerne dabei, so weit ich es kann – und für unsere gemeinsame Beziehung, für unseren Kontakt fände ich es sehr schön.
Zuallerletzt ist mir noch wichtig, etwas klarzustellen, was im Text nur implizit enthalten ist: Rolle und Verantwortung der Eltern für die Entwicklung (auch die gestörte) ihres Kindes.
In aller Deutlichkeit: es geht nicht darum, Eltern zu Schuldigen zu stempeln. Wenige Eltern sind Unmenschen, schon gar nicht wollen sie bewußt ihre Kinder schädigen oder ihnen wichtige Dinge vorenthalten. Aber alle Eltern machen Fehler, und in allen Familien gibt es Belastungssituationen für die Kinder – manche vermeidbar, manche nicht. Wenn die Eltern so sehr im Zentrum der geschilderten psychotherapeutischen Arbeit stehen, dann hat das nicht den Grund, daß sie böse Menschen wären. Aber im Brennpunkt der Psychotherapie steht das Kind, das der heute erwachsene hilfesuchende Mensch einmal war – und die Welt, wie sie dieses Kind erlebt hat. Diese Welt war anders, ganz anders, als seine Eltern sie gesehen haben. Für einen kleinen Menschen von vielleicht 80, 90 oder 110 Zentimetern Größe stellt sich vieles anders dar – sind zum Beispiel Erwachsene viel größer und mächtiger, auch bedrohlicher, als sie es zu sein meinen oder wünschen. Vieles ist für einen Dreijährigen ganz und gar unverständlich und nicht einzuordnen – was für einen Dreißigjährigen ganz leicht und klar begreiflich ist.
Zur Illustration: Stellen Sie sich vor, Sie lebten einen Tag lang mit Wesen zusammen, die zwar wie Menschen gebaut sind, aber zwei- bis dreimal so groß wie Sie (also vier bis fünf Meter hoch), mit lauten, hallenden Stimmen und Händen, so groß wie Ihr Brustkasten. Stellen Sie sich vor, diese Wesen schreien Sie an, schlagen mit diesen Riesenhänden nach Ihnen, heben Sie hoch und lassen Sie nach ihrem Gutdünken wieder hinunter. Die Riesen entscheiden, wann Sie schlafen sollen, wann es was zu essen gibt und wann nicht, ja selbst über Ihre Verdauung wollen sie bestimmen. Und auch die Gegenstände in dieser Welt sind riesenhaft: Sie können die Türklinke höchstens erreichen, wenn Sie sich auf die Zehenspitzen stellen. Stufen sind so hoch, daß Sie sie nur unter Zuhilfenahme aller vier Gliedmaßen erkrabbeln können. Das Eßbesteck ist so lang wie Ihr Unterarm, die

Tischkante in Augenhöhe, und in der WC-Muschel versinken Sie, wenn Sie sich nicht mit äußerster Kraft am Rand festhalten (von selbst hinauf kommen Sie ohnedies nicht).
Können Sie sich vorstellen, daß man in einer solchen Welt manches schlimmer, einschränkender, bedrohlicher, ja lebensbedrohlicher erlebt, als das die riesenhaften Wesen wahrnehmen und beabsichtigen, die die Kontrolle über alles haben?

Kurz: es geht nicht darum, zu sagen: die Eltern sind an allem schuld. Es geht darum, die Probleme und Verletzungen (und die gibt es in jedem Leben) zu finden und zu bewältigen – um so zu einem bereinigten, erwachsenen Verhältnis zum eigenen Leben und zu den eigenen Eltern gelangen zu können.

Viele Leute fragen mich: Wenn so viel falsch gelaufen ist in meiner Kindheit – mache ich dann nicht mit meinen Kindern genausoviel falsch? Was könnte ich besser machen? Wie kann ich ähnliche – oder andere – Probleme vermeiden?
Das aber sind Fragen, die über unser Thema hinausgehen – eine Antwort müßte daher in einem anderen Buch geschrieben werden.

LITERATUR

Berne 1961: Berne, E.: Transactional analysis in Psychotherapy. A Systematic Individual and Social Psychiatry. Ballantine Books, New York 1961.

Berne 1966: Berne, E.: Principles of Group Treatment. Grove Press, New York 1966.

Berne 1983: Berne, E.: Was sagen Sie, nachdem Sie „Guten Tag" gesagt haben? Psychologie des menschlichen Verhaltens. Fischer Taschenbuch, Frankfurt am Main 1983.

Erskine 1978: Erskine, R.: Six Stages of Treatment. In: Transactional Analysis Journal Vol. 3/1, 1978.

Erskine 1987: Erskine, R.: Integrative Psychotherapy. Workshop, München, April 1987.

Erskine 1988 A: Erskine, R.: Applications of Gestalt Therapy for Transactional Analysis. Workshop, München, Juni 1988.

Erskine 1988 B: Erskine, R.: Ego Structure, Intrapsychic Function and Defense Mechanisms: A Commentary on Eric Berne's Original Theoretical Concepts. In: Transactional Analysis Journal Vol. 18/1, 1988.

Erskine/Moursund: Erskine, R./Moursund, J.: Integrative Psychotherapy in Action. Sage Publications, Newbury Park 1988.

Erskine/Zalcman: Erskine, R./Zalcman M.: The Racket System: A Model for Racket Analysis. In: Transactional Analysis Journal Vol. 9/1, 1979.

Freud 1959: Freud, A.: Das Ich und die Abwehrmechanismen. Kindler, München 1959.

Goulding/Goulding 1978: Goulding, M./Goulding, R.: The Power is in the Patient. A TA/Gestalt Approach to Psychotherapy. TA Press, San Francisco 1978.

Goulding/Goulding 1981: Goulding, M./Goulding, R.: Neuentscheidung: Ein Modell der Psychotherapie. Klett-Cotta, Stuttgart 1981.

Hoffmann 1983: Hoffmann, S. O.: Psychoanalyse. In: Corsini, R. J.: Handbuch der Psychotherapie, Bd. 2, Beltz, Weinheim – Basel 1983.

James 1977: James, M.: Treatment Procedures. In: James, M. et al.: Techniques in Transactional Analysis for Psychotherapists and Counselors. Addison-Wesley Reading 1977.

Kernberg 1978: Kernberg, O. F.: Borderline-Störungen und pathologischer Narzißmus. Suhrkamp Taschenbuch, Frankfurt 1978.

Kohlrieser 1985: Kohlrieser, G.: TA and Reichian Bodywork. Workshops, Salzburg 1985, München 1986.

Landsman 1984: Landsman, S. G.: Found: A Place for me. The Development, Diagnosis and Treatment of Manic-Depressive Structure. Treehouse Enterprises, Farmington Hills 1984.

Loomis/Landsman: Loomis, M. E./Landsman, S. G.: Manisch-depressive Struktur: Diagnosestellung und Entwicklung. In: Zeitschrift für Transaktions-Analyse in Theorie und Praxis, 2. Jg, Nr. 1, 1985.

Masterson 1980: Masterson, J. F.: Psychotherapie bei Borderline-Patienten. Klett-Cotta 1980.

McNeel 1976: McNeel, J.: The Parent Interview. In: Transactional Analysis Journal Vol 6/1, 1976.

Mellor: Mellor, K.: Die Integration von Neuentscheidungs-Arbeit und Neubeelterung zur Veränderung des Bezugsrahmens. In: Neues aus der Transaktions-Analyse, Jg. 5, Nr. 17.

Mellor/Andrewartha: Mellor, K./Andrewartha, G.: Reparenting the Parent in Support of Redecisions. In: Transactional Analysis Journal Vol. 10/3, 1980.

Osnes 1974: Osnes, R.: Spot Reparenting. In: Transactional Analysis Journal, Vol. 4/3, 1974.

Perls/Hefferline/Goodman: Perls, F./Hefferline, R./Goodman, P.: Gestalt-Therapie. Wiederbelebung des Selbst. Klett-Cotta, Stuttgart 1981.

Schiff & Al.: Schiff, J. L. et al.: Cathexis Reader. Transactional Analysis Treatment of Psychosis. Harper & Row, New York 1975.

Schiff/Day: Schiff, J. L./Day, B.: Alle meine Kinder. Heilung der Schizophrenie durch Wiederholen der Kindheit. Christian Kaiser, München 1980.

Steiner 1982: Steiner, C.: Wie man Lebenspläne verändert. Die Arbeit mit Skripts in der Transaktionsanalyse. Junfermann, Paderborn 1982.

Stewart/Joines: Stewart, I./Joines, V.: TA Today. A New Introduction to Transactional Analysis.

Woolams/Brown: Woolams, S./Brown, M.: Transactional Analysis. Huron Valley Institute Press, Dexter, o. J.

Lesen oder leben?
Zum Anliegen unserer neuen Reihe

Kann der Entschluß, ein Buch zu lesen, zu mehr Freude am Leben führen? Manchmal trifft uns ein Buch im Innersten und kann dort verändernd wirken – sofern es uns im rechten Augenblick begegnet.

Es kann zur Frage werden und auch zur Antwort; es kann in Unruhe versetzen oder uns beruhigen, kann Hoffnung machen, Mut zum Aufbruch. Das kann es umso eher, je weniger es uns belehren will, je mehr es uns erzählt von Menschen, die uns ganz ähnlich sind in ihren Nöten und Problemen, und uns mit diesen Menschen miterleben läßt, wie jedes Leben reich und lohnend, bunt und lustvoll werden kann.

Dazu sind diese Bücher geschrieben: daß das Lesen zum Leben führt.

Dr. Klaus SEJKORA, geboren 1955, studierte in Salzburg und promovierte 1980 über „Selbstmordversuche bei Lehrlingen". Er arbeitet seit acht Jahren als klinischer Psychologe und Psychotherapeut, drei Jahre davon als Leiter einer Drogenberatungsstelle, sowie seit 1985 in eigener Praxis als Psychotherapeut mit Einzelklienten und Gruppen. Der Autor befindet sich seit 1983 in Ausbildung für Transaktionsanalyse und ist Mitbegründer der „Österreichischen Gesellschaft für Transaktionsanalyse".